EXPOSITION INTERNATIONALE & COLONIALE
D'AMSTERDAM
1883

SECTION TUNISIENNE

CATALOGUE

des produits exposés par la Tunisie
précédé des notices suivantes :

1° Carthage et la Tunisie au point de vue Archéologique par le R. P. Delattre ;

2° Recherches faites par la Cie de Mokta-el-Hadid dans la Région de Tabarca,

3° L'Architecture en Tunisie par Juste de Bourmancé chargé d'une Mission par le gouvernement français.

4° Exploitations agricoles de la Société Franco-Africaine en Tunisie.

TUNIS
IMPRIMERIE FRANÇAISE B. BORREL
1883

EXPOSITION INTERNATIONALE & COLONIALE
D'AMSTERDAM
1883

SECTION TUNISIENNE

CATALOGUE

des produits exposés par la Tunisie
précédé des notices suivantes :

1° Carthage et la Tunisie au point de vue Archéologique par le R. P. Delattre ;
2° Recherches faites par la Cⁱᵉ de Mokta-el-Hadid dans la Région de Tabarca.
3° L'Architecture en Tunisie par Juste de Bourmancé chargé d'une Mission par le gouvernement français.
4° Exploitations agricoles de la Société Franco-Africaine en Tunisie.

TUNIS
IMPRIMERIE FRANÇAISE B. BORREL
—
1883

I. — CARTHAGE

On ne sait que penser de la légende des Grecs, qui attribue à Zorus et à *Carchedo* la fondation de Carthage, et de celle des Latins qui veulent que Didon ou Elissa en soit la fondatrice. Sans oser trancher la question, je me permettrai de noter que le nom de *Carchédon*, se retrouve à Carthage sur des inscriptions datant du II° au III° siècle, que nous avons découvertes nous-même. Deux épitaphes donnent les noms de *Carchedo* et de *Carchedonia.*

Quoi qu'il en soit de la date et des auteurs de la fondation de Carthage, il semble d'après nos dernières découvertes, qu'il faille renoncer à placer le berceau de Carthage sur la colline de Byrsa. Le Cardinal Lavigerie a démontré par l'étude des traditions locales et le résultat de nos premières fouilles, que la colonie tyrienne ne s'est point tout d'abord établie sur la hauteur, mais sur le rivage, à l'endroit appelé aujourd'hui par les arabes *Carthagenna*. Il était naturel d'ailleurs, à des colons nouvellement débarqués, de s'installer sur la plage, à la portée de leurs navires. C'est là qu'ils creusèrent leur port, et la colline de Byrsa leur servit de lieu de sépulture. C'était l'usage des peuples sémitiques d'inhumer sur les hauteurs et la découverte de tombeaux sur les deux principales collines de Carthage, prouve qu'il en fut ainsi à l'origine de la ville tyrienne. Plus tard la colonie ayant à se défendre contre les indigènes, fortifia Byrsa et d'une nécropole en fit une acropole.

Carthage, une fois munie de sa citadelle, s'accrut rapidement. Ses relations de commerce attiraient dans son port de nombreux vaisseaux. Sa population augmenta en proportion de sa puissance et de ses richesses. On porte à 700.000 le nombre de ses habitants.

Ce n'est pas ici le lieu de faire l'histoire de Carthage. Tout le monde connait les trois guerres puniques. La première (264-242) fit perdre la Sicile aux Carthaginois, la seconde (219-202) leur enleva l'Espagne et la troisième enfin (149-146) la moins longue en durée, anéantit Carthage.

Elle fut pillée et incendiée. Vingt-deux ans après la destruction de cette ville, C. Gracchus, à la tête d'une colonie, vint jeter les fondements d'une nouvelle cité *in solo dirutae Carthaginis*. Les Césars l'embellirent, et elle recouvra son antique splendeur jusqu'au jour où elle devint la proie de Genséric, Roi des Vandales Ariens (439).

L'Église d'Afrique, fondée à Carthage, dès les premières années du Christianisme, fut persécutée sous les Empereurs romains païens et sous les Rois Vandales.

Ces derniers qui ne respiraient que meurtre et carnage, demeurèrent maîtres de l'Afrique du Nord pendant près d'un siècle. Sous l'Empereur

Justinien, les Vandales furent vaincus par Bélisaire et Carthage vit s'ouvrir une ère nouvelle (534). L'Afrique allait renaître et retrouver peut-être son glorieux passé, quand les flots de l'invasion musulmane la couvrirent de ruines.

Carthage tombe au pouvoir des Sarrazins et le nom de l'illustre ville, paraît, pendant des siècles, avoir été effacé de l'histoire.

En 1270, Saint-Louis meurt avec une grande partie de son armée, au milieu des temples renversés de la cité d'Annibal, et au XVIᵐᵉ siècle, Charles-Quint, vainqueur de Tunis, charge ses vaisseaux de marbres provenant des ruines de Carthage.

Déjà dès le XIIIᵐᵉ siècle, Edrisi, historien arabe rapporte que, depuis la chute de Carthage jusqu'à son temps on a continuellement pratiqué des fouilles dans les débris de Carthage et jusque dans ses fondements; ces fouilles ne discontinuent pas; on ne cesse d'extraire et de transporter au loin une incroyable quantité de matériaux de diverses espèces. (Beulé, fouilles à Carthage, p. 17).

Gênes, Venise, Pise, Alger, Constantine possèdent dans leurs plus beaux monuments des marbres enlevés aux ruines de Carthage. La Goulette, les palais de la Marsa et la ville de Tunis ont été construits avec des matériaux pris dans cette vaste carrière. L'unique inscription de notre collection épigraphique qui donne le nom de Carthage, a été trouvée, en 1880, par un arabe qui réparait sa demeure. Elle dut appartenir primitivement au piédestal d'une statue représentant la ville personnifiée. Elle est ainsi conçue : *Karthagini patriæ suæ Pompeius Faustinus.*

Les murs de fortification, les vestiges des temples et des palais ont disparu, pierre à pierre, et aujourd'hui encore, comme au temps d'Edrisi, on ne cesse de détruire ce qui reste sous terre des antiques monuments. Chaque année, la charrue arabe sillonne le sol de Carthage et des champs d'orge et de fèves règnent sur cette région qu'occupait jadis une ville si animée.

A part les grandes citernes de la Malga, celles du bord de la mer et les ruines amoncelées près du rivage, à peine aperçoit-on de distance en distance quelque pan de muraille qui émerge du sol.

Pour se faire une idée de la splendeur de Carthage debout à la vue d'un tel anéantissement, il faut se reporter à plusieurs siècles et même à plusieurs milliers d'années en arrière. Carthage possédait des temples magnifiques. Qu'il me suffise de citer le plus célèbre de toute l'Afrique, celui de Tanit (la Junon céleste des Romains) déesse protectrice de la ville, celui d'Eschmun (Esculape) le plus riche de tous les temples de la cité, celui de Baal (Jupiter), celui de Melkart (Hercule). Je pourrais ajouter à ces temples, celui d'Apollon, ceux de Saturne, de Cérès et de Proserpine, le palais d'Hannon, le théâtre, le cirque, l'amphithéâtre, les thermes, et à l'époque chrétienne, les 22 basiliques de cette illustre métropole de l'Église d'Afrique. Que reste-t-il de tant de monuments dont la richesse était si grande ? L'œil exercé de l'archéologue, ne peut qu'à grand peine reconnaître l'emplacement précis de quelques-uns. La position des autres demeure encore très vague. Des fouilles seules pourront jeter la lumière sur tant de mystères d'archéologie et d'histoire, dont le sol garde profondément le secret.

Je passerai maintenant en revue ce qui a été fait jusqu'à ce jour. Ce n'est qu'au début de notre siècle qu'on commença d'étudier le sol de Carthage, car l'anglais Shaw qui écrivit sur cette ville en 1738, s'était complétement mépris sur sa topographie. En 1805, le Père Caroni donna un plan assez exact d'une partie de la ville. Douze ans plus tard, le major Humbert, Officier hollandais, trouvait aux environs de la Malga plusieurs objets antiques, et quelques inscriptions, conservés aujourd'hui au musée de Leyde. Falbe, consul général de Danemark, publia, à Paris, en 1833, le plan le plus fidèle des ruines. C'est ce plan qui a servi de base aux savantes recherches de Dureau de la Malle, sur la topographie de Carthage.

Vingt ans après, M. Bourgade, chapelain de Saint-Louis recueillait des chercheurs arabes, des débris de statues, des dalles ou cippes funéraires, des amphores romaines, des vases de forme et de grandeur différentes, des fragments de mosaïques, des médailles et monnaies, des inscriptions puniques et latines dont il avait formé à Tunis un petit musée que Victor Guérin visita avec intérêt en 1860. L'auteur des *Soirées de Carthage* composa un recueil d'épigraphie punique sous le nom de *Toison d'or de la langue phénicienne*.

C'est vers cette époque que M. Nathan Davis entreprit, au compte du Gouvernement anglais, des fouilles à Carthage. Il s'attacha surtout à trouver des objets propres à enrichir les collections du British Museum. Il se trompe quand il cherche à établir une nouvelle topographie de Carthage, quand il place Byrsa sur la colline où s'élève le Bordj-el-djedid et fait de l'aqueduc d'Adrien qui amenait les eaux de Zaghouan, un monument phénicien.

M. Beulé lui succéda immédiatement. Des fouilles entreprises sur la colline de Saint-Louis lui révélèrent une partie des fortifications de Byrsa. Sur le bord de la mer, des sondages multipliés lui donnèrent la forme des anciens ports. Ce savant étudia aussi plusieurs hypogées de la nécropole de Kamart.

Quelques années s'écoulèrent et M. de Sainte-Marie fut chargé, à Carthage, d'une mission archéologique. Ses recherches furent couronnées de succès, Il découvrit un nombre considérable de stèles puniques, de beaux débris de sculpture, une belle statue et plusieurs inscriptions latines gravées en l'honneur de Sérapis.

Depuis, d'autres découvertes ont eu lieu à Carthage, et avant de résumer, celles que nous avons faites nous-même, je signalerai les principales. Il y a quelques années, on retira d'un ancien puits romain situé sur les dépendances du palais de Sidi Taïeb Bey à la Marsa, une statue de Vénus marine, qui a été acquise par M. Tissot, membre de l'Institut. Le Commandant Marchand possède, à l'Ariana, une belle collection de bas-reliefs et de débris de statues provenant des ruines de Carthage. J'y ai remarqué une magnifique tête de Ju-

piter Sérapis, trouvée à l'endroit où M. de Sainte-
Marie avait découvert une série d'ex-voto en l'honneur de cette divinité. De belles mosaïques ont été
recueillies. Je citerai celles de M. Davis, de Mustapha ben Ismaïl, du Général Baccouch, de M.
Fédriani, de M. Wood et celle enfin dont p rle
M. Beulé dans ses « *Fouilles à Carthage* ». Chaque sujet représenté par ses belles mosaïques,
mériterait une description particulière. On y ver-
rait les mois de l'année et les quatre saisons
personnifiées, Pégase recevant les soins d'esclaves, une tête colossale de Pan, un lion dévorant
un cheval, une chèvre poursuivie par deux bêtes
sauvages, l'enlèvement de Ganymède, des per-
sonnages divers, des génies marins, des animaux,
des oiseaux, des poissons, etc... Celles que nous
avons trouvées nous-même seront décrites au
catalogue.

M. Raed, Consul Général d'Angleterre, dont le
père fit aussi des fouilles à Carthage, possède
plusieurs pièces intéressantes dans sa campagne
d'été, voisine de la Marsa.

Parmi les collections de monnaies, je citerai,
en dehors de notre musée, celle du Commandant
Marchand, et celle de mon confrère, le R. P.
Malleval, professeur au collège Saint-Charles à
Tunis.

Chaque musée d'Europe possède quelques antiquités de Carthage et beaucoup de touristes ont
emporté d'ici et conservent chez eux de menus
objets dont ils ignorent probablement l'intérêt et
la valeur scientifiques.

Après notre arrivée à Carthage, Son Éminence

le Cardinal Lavigerie fit les frais de nos premiers
travaux. Sur la colline de Junon, voisine de Saint-
Louis, deux excavations dont l'une poussée à 13
mètres de profondeur, nous firent découvrir des
tombeaux phéniciens. Quelques mois après, des
sépultures identiques furent trouvées sur l'arête
du plateau de Saint-Louis.

Ces deux découvertes prouvaient avec évidence
que Byrsa avait été d'abord le lieu de sépulture
des premiers colons tyriens avant d'être la citadelle de la nouvelle ville. Nous trouvâmes aussi sur
Byrsa plusieurs murs de fortification et l'emplacement d'une machine de guerre.

Plus importante encore pour l'histoire, fut la
découverte des deux cimetières romains, situés à
peu de distance l'un de l'autre, près des anciens
remparts entre l'amphithéâtre et les piscines de la
Malga. Chacun d'eux, entouré d'un mur rectangu-
laire, paraissait être le cimetière de quelque asso-
ciation funératice (*Collegium*) consacré à la sépulture des employés du Proconsul de Carthage.

Grace à des subsides reçus du Ministère de
l'Instruction publique, nous avons pu les fouiller
et y recueillir plus de 500 épitaphes. Un grand
nombre de ces inscriptions donnent les titres de
ces fonctionnaires, esclaves ou affranchis de
l'Empereur, et nous renseignent sur l'administration proconsulaire. Ces fonctionnaires sont
ainsi désignés : *pedisequi, adjutores a commen-
tariis, aeditui, paedagogi, notarii, tabellarii,
adjutores tabularii, librarii, agrimensores,
medici, cursores etc.....*

Voici d'ailleurs quelques détails sur la disposition de ces deux cimetières. Ils se composent d'une série de tombeaux excessivement rapprochés les uns des autres. Ces sépultures construites en maçonnerie affectent généralement la forme de cippes ou piliers quadrangulaires. Toutes étaient revêtues à l'extérieur d'un enduit sur lequel on voyait parfois moulés en stuc, ou figurés en couleur des ornements tels que colonnettes, chapiteaux, guirlandes, oiseaux, fleurs et même des génies funéraires. Quoique de dimensions variées les cippes avaient environ un mètre et demi de hauteur. Leur largeur moyenne variait de 75 à 80 centimètres.

Chacun renfermait une ou plusieurs urnes funéraires noyées dans la maçonnerie et mises en communication avec l'extérieur par un tuyau de terre cuite.

Ce conduit devait servir à recevoir les larmes et les libations des parents et amis du défunt et à les conduire jusqu'à l'urne funéraire. Il servait aussi parfois à faire glisser jusque dans les urnes préparées à l'avance, où renfermant déjà les restes de quelques membres de la famille, les os calcinés et les cendres, résidu de la crémation d'un nouveau défunt. On trouva en effet dans l'intérieur de ces cippes, des urnes complètement vides et d'autres fois le tuyau de terre cuite comblé de cendres et d'ossements brûlés. Cette explication est d'ailleurs confirmée par plusieurs épitaphes.

Les urnes sont généralement de terre cuite, variant de forme et de dimension, depuis l'amphore haute de plus d'un mètre, jusqu'aux moindres vases, avec ou sans anses. Nous avons cependant trouvé quelques urnes de plomb et même de verre.

Autour de certains tombeaux, on trouva de belles poteries rouges, des aiguilles et épingles d'ivoire, des lacrymatoires de verre, et plusieurs centaines de lampes d'un travail fort soigné. Ces dernières nous ont fourni une belle collection de marques céramiques inédites.

C'est aussi dans ces cimetières que nous avons recueilli plusieurs plaques de plomb portant des textes cabalistiques.

Outre l'intérêt qu'offrent les épitaphes des employés du Proconsul pour l'histoire de Carthage au IIe et au IIIe siècles, époque de ces sépultures, la position elle-même des deux cimetières vient déterminer les limites de la cité romaine, puisque la loi des douze tables défendait d'enterrer dans les villes.

A cent mètres environ des deux cimetières païens, du côté opposé à l'amphithéâtre, nous avons découvert des thermes et un cimetière chrétien. Grâce à la générosité d'un membre de la Société de Géographie de Paris, M. Hercule Morel, j'ai pu mettre à nu de grandes salles ornées de leurs mosaïques et de peintures murales encore conservées, une grande piscine avec degrés pour y descendre, des couloirs et l'hypocauste des thermes. Les mêmes fouilles, dirigées dans le cimetière chrétien, ont mis à jour une série de dalles funéraires où sont inscrits en mosaïque les noms de beaucoup de fidèles de l'église de Carthage.

Je rapprocherai de cette découverte, celle d'un autre cimetière chrétien, trouvé auparavant par nous à moitié chemin entre Saint-Louis et Sidi Bou Saïd également contre les anciens remparts.

Je ne prétends pas énumérer une foule d'observations et de notes précieuses qui permettent de fixer l'attention sur certains points et préparent le succès des fouilles futures. Quant à l'importance de notre collection, on pourra s'en faire une idée en lisant notre catalogue,

Je me contente donc d'indiquer les principaux résultats de nos recherches et de nos fouilles, ainsi que les découvertes de nos devanciers depuis le commencement du XIXᵉ siècle. Ces découvertes sont résumées, avec plus ou moins de probabilité et de certitude dans le plan de M. Ph. Caillat.

Il faudrait un volume pour tout dire, et je crains déjà d'avoir été trop long.

Tel est l'état actuel des études faites sur les ruines de Carthage, mais je puis affimer que l'œuvre d'exploration est à peine commencée. On est parvenu à fixer quelques points restés jusqu'à notre siècle indéterminés. L'avenir réserve encore à l'archéologie, sous les décombres de Carthage, de nombreuses et très-intéressantes surprises.

« Qui peut deviner, dit M. Beulé, les secrets enfouis sous le sol d'une cité qui a été une des plus grandes et des plus riches du monde ?... Carthage aura son tour comme l'Egypte, comme Ninive et Babylone. »

« Nulle part en effet, ajoute le Cardinal Lavigerie, on ne trouve à recueillir, sur le même sol, des traces plus intéressantes et plus nombreuses d'un passé illustre. Les civilisations les plus diverses,

Numide, Phénicienne, Punique, Romaine, Vandale, Gréco-Byzantine, Arabe enfin, s'y sont succédées. Aussi les ruines de Carthage sont-elles, encore aujourd'hui, une carrière immense et incomparable des plus intéressants débris. Douze siècles y ont passé, il est vrai; mais elles réservent encore au nôtre des richesses inattendues. »

II. — LA TUNISIE

Après la prise de Carthage (146 avant J.-C.) la partie de l'Afrique, appelée aussi Libye, qui obéissait à la cité punique, forma une province romaine. Ce territoire qui s'étendait le long de la Méditerranée depuis Thiné, entre Sfax et Mahres, jusqu'à Tabarque, reçut le nom de Province d'Afrique, et fut administré par un Proconsul.

En dehors de cette province, la partie Sud et Ouest de la Tunisie actuelle resta au pouvoir des Rois Numides, jusqu'au jour où la défaite de Juba (46 av. J.-C.) amena la réunion de la Numidie à l'ancien territoire des Carthaginois, occupé depuis un siècle par les Romains. Tout le pays conquis fut divisé en deux provinces : *l'Africa vetus* et *l'Africa nova* ou *Numidia*, qui demeurèrent sous la juridiction du Proconsul de Carthage jusqu'en l'an 37 de notre ère.

M. Héron de Villefosse (Bulletin Critique, 15 Avril 1882), résumant la préface du *Corpus* allemand des inscriptions latines d'Afrique, s'exprime ainsi : « A l'avénement de Caligula, la puissance du Proconsul fut considérablement diminuée. On lui retira le commandement de la légion placée sous ses ordres et celui des troupes auxiliaires pour les donner à un légat impérial qui devint complètement indépendant de lui et résida en Numidie. Les pouvoirs de ces deux fonctionnaires furent distincts, et les renseignements fournis par les inscriptions permettent de fixer les points de la Province qui dépendaient de l'un ou de l'autre. Les frontières militaires formèrent les limites du nouveau commandement de Numidie qui enveloppa la partie ancienne de la Province proconsulaire depuis l'oasis de Ghadamès jusqu'à Philippeville, en passant par Bondjem et Tébessa. »

« Sous le haut empire, le Proconsul d'Afrique avait sous ses ordres trois légats, chacun avec une juridiction particulière. Le premier résidait à Carthage, le second à Hippone-la-Royale et le troisième probablement à Hadrumète ou dans la Tripolitaine. »

Sous Dioclétien, l'Afrique romaine fût divisée en quatre Provinces : la Proconsulaire, la Bizacène, la Numidie et la Tripolitaine. Les deux premières et une partie des deux autres étaient comprises dans le territoire actuel de la Régence de Tunis. Après ce partage, le Proconsul d'Afrique n'eut plus que deux légats sous ses ordres. L'un fut chargé du diocèse de Carthage, l'autre de l'ancien diocèse d'Hippone, transformé en Numidie proconsulaire.

Les Vandales et les Byzantins, en s'emparant de l'Afrique, y conservèrent les dernières divisions romaines.

Ces quelques mots d'histoire étaient nécessaires pour faire connaître ce qu'était jadis la *Tunisie* actuelle.

Déjà du temps de Carthage, le pays était couvert de villes importantes. On connaît Utique, Tunis, Hippo-Diarrhyte, Clypea, Lepti, Zama, Vaga, Bulla, Sicca, et beaucoup d'autres villes qui ont conservé à travers les révolutions politiques et à travers les siècles leur nom primitif d'origine phénicienne. Ces divers centres communiquaient entre eux et avec la capitale par de nombreuses voies qui sillonnaient tout le pays. Il est probable que les Romains n'eurent qu'à consolider et à entretenir les routes puniques.

L'Itinéraire d'Antonin et la Table de Peutinger nous ont conservé les plus précieux renseignements sur le réseau de voies romaines qui couvrait jadis la Régence de Tunis. Guidés par ces données topographiques et aussi quelquefois par le hasard, des explorateurs ont suivi ces anciennes routes, retrouvé un grand nombre de bornes milliaires et déterminé l'emplacement de beaucoup de villes détruites. Un membre de l'Institut de France, M. Charles Tissot s'est surtout livré à cette étude particulière avec un plein succès. Son Mémoire sur le Bassin du Bagrada et la voie romaine de Carthage à Hippone par Bulla Regia, est un monument fort remarquable. Un milliaire que j'ai déchiffré moi-même dans les ruines de Chemtou (Simittu) et qui indiquait une voie construite par Hadrien de ce point à Tabarque, a fourni à ce savant la matière d'une page que je crois intéressant de reproduire ici.

« Le Milliaire de Chemtou nous donne le nom de la ville antique et en fixe l'orthographe : SIMITTV.

Il nous révèle en outre la date précise de la route

de Simittu à Thabraca : 129. Rapproché de l'ins-cription du pont de l'oued Béja et de celle du *Castrum* d'Henchir-Smala, il nous permet de recons-tituer l'histoire de la voie romaine de Carthage à Hippone par Bulla Regia.

Sous le règne de Tibère, cette voie n'est encore que la vieille route punique. L'administration ro-maine se borne à faire réparer ou reconstruire les ponts.

C. VIBIVS. MARSVS Proconsul d'Afrique, dédie, en 29, celui de l'Oued Béja.

La route romaine n'est ouverte qu'en 76 par Vespasien, et elle ne se prolonge pas au délà de Simittu. Le pont de Trajan (1), bâti en 112, n'ap-partient pas à ce tracé ; il forme le point de départ d'une voie secondaire destinée à relier Simittu à Sicca Veneria.

Ce n'est qu'en 129, sous le règne d'Hadrien que le dernier segment de la voie romaine est cons-truit entre Simittu et Thabraca et relie définitive-ment la route intérieure à celle du littoral.» (page 24).

Le 9 mars 1881, parcourant les ruines de Chem-tou avec M. Lohest, ingénieur des carrières de marbre, j'eus la satisfaction de reconnaître le IIIᵉ milliaire de la voie de Simittu à Thabraca, et j'ai appris que depuis l'occupation de la Kroumirie par l'armée française, plusieurs bornes de la même route ont été découvertes et copiées par les officiers.

Outre la voie romaine de Carthage à Hippone

(1) Pont antique de Chemtou, sur la Medjerdah. (Voir la Revue Archéologique, Avril 1881, page 222.)

par la vallée de la Médjerdah, il y en avait une autre qui passait par Utique, puis gagnait Bizerte (Hippo-Diarrhyte) où l'on voit encore un milliaire qui porte le chiffre XLIX. De là, cette route suivait le littoral, le long du pays des Mogods et des Kroumirs, jusqu'à Tabarque.

Une troisième voie était celle du Kef ou de *Sicca*. Elle devait sortir de Carthage par la porte de Théveste ou de Furnos, car elle conduisait dans ces deux villes. Cette route passait par Tunis, Krich-el-Oued, Sidi Mediam, Testour et l'Henchir-Mest. Constantin le Grand répara cette voie. Son nom se lit sur des milliaires trouvés dans les endroits que je viens de citer, et sur un débris de borne découvert récemment sur Byrsa. En 1881, MM. Cagnat et Gasselin ont retrouvé encore à sa place primitive, dans l'Henchir-el-Arfaouine le XXXXI° milliaire de cette route. (Explorations épigraphiques et archéologiques en Tunisie. Ier Fascicule, p. 14).

Une quatrième voie principale sortait de Carthage au sud par la porte de Thapsus. Suivant la langue de terre qui sépare le golfe du lac de Tunis, elle gagnait la station de Radès, identifiée avec *Maxula* par une inscription recueillie par les ingénieurs du chemin de fer (Bulletin critique, 1er juin 1882). Passant par Hammam-el-Lif(*Adaquas*) elle coupait la presqu'île du Cap Bon jusqu'à Hammamet. Suivant la côte jusqu'à Sousse (*Hadrumète*) elle conduisait de là, soit par le littoral (*Rus pina*, *Leptis minor* et *Thapsus*) soit par El-Djem (*Thysdrus*), à Usilla; puis continuant par Thiné

(Thena), Mahres, Henchir-Bou-Ghrâra (Gigthi) elle atteignait Zeurzis (Gergis).

Ces quatre grandes artères qui sortaient de Carthage pénétraient toutes jusqu'aux frontières actuelles de la Tunisie et continuaient au delà.

Nous ne les suivrons pas plus loin. Dans l'intérieur du pays, elles se bifurquaient en diverses stations. De plus, d'autres grandes routes coupaient transversalement les voies principales qui conduisaient à Carthage. Il y avait celles de Sousse et de Thiné à Tébessa, et celle de Gabès à Gafsa qui remontait aussi vers Tébessa. Le Sous-lieutenant Privé, du 107e de ligne a retrouvé dernièrement aux environs de Gabès, le VI milliaire de cette dernière voie. (1)

Les points d'intersection de ces routes formaient comme autant d'étoiles qui facilitaient les relations dans toutes les directions et il suffisait de la moindre localité à desservir pour faire décider la construction d'une nouvelle voie.

Un réseau aussi serré de voies de grande communication et de routes secondaires, témoigne de la prospérité antique de ce pays, et du génie de ses anciens maîtres soit Romains, soit Carthaginois. Ces derniers qui, selon l'expression d'un capitaine du Génie, se taillaient des *cothons* en terre ferme, ne devaient pas reculer devant les difficultés des travaux de routes (2)

(1) Le texte de cette borne milliaire a été communiqué à l'Académie des Inscriptions (29 Décembre 1882) par M. le Commandant Récamier, du 101e de ligne. Le Milliaire a été trouvé en faisant la butte de tir au camp de Ras-el-oued,

(2) Histoire d'Annibal, par M. E. Hennebert, T. I. Page 22o.

Les anciennes voies ne sont plus aujourd'hui que de mauvais sentiers qui souvent suivent les vestiges des antiques chaussées. Là où elles traversaient les rivières on voit de magnifiques ponts les uns ruinés, les autres servant encore.

Jadis, les villes desservies par ces routes, avaient leurs temples, leurs basiliques, leurs palais, leur forum, leurs thermes. Chaque centre tant soit peu important avait son théâtre et son amphithéâtre.

Tous ceux qui s'occupent des antiquités de la Tunisie connaissent l'amphithéâtre d'El-Djem que l'on a souvent comparé au Colisée de Rome. Je me souviens avoir vu non loin de ce monument colossal un chapiteau gigantesque de marbre blanc qui mesurait à la base 4 m. 80 de tour. Il était haut de 1 m. 90. Les feuilles d'acanthe de ce morceau d'architecture corinthienne avaient 50 centimètres de largeur et 55 de hauteur.

On trouve dans l'intérieur de la Tunisie des arcs de triomphe et des portes de ville encore debout, de vastes citernes et de grands réservoirs où viennent encore puiser les arabes. Ailleurs, ce sont de longs aqueducs qui jadis amenaient l'eau de sources éloignées. A chaque pas, le voyageur rencontre les ruines de villas, de fermes antiques, des vestiges de forteresses. Près des villes, le long des murs d'enceinte, ce sont des mausolées, des hypogées, de vastes cimetières. Ailleurs, l'emplacement d'une grande cité n'est souvent marqué que par les fûts de colonnes brisées, les chapiteaux, les marbres de toute variété, des statues mutilées et des cippes couverts d'inscriptions qui jonchent le sol. C'est là que les pâtres arabes, en conduisant leurs troupeaux trouvent quantité de monnaies, des débris de belle poterie, des camées etc...

Parlerai-je des dolmens qui existent dans la vaste propriété de l'Enfida? Citerai-je ces mines de métal et ces carrières de marbre autrefois exploitées et pendant des siècles restées dans l'oubli et l'abandon?

Tel est le champ immense qui s'offre à l'étude et aux recherches des explorateurs. Quelques auteurs arabes nous ont transmis des renseignements plus ou moins erronés sur les ruines de la Tunisie, et il convient de mentionner du XIe au XIVe Siècle, El-Bekri, Edrisi, Ibn-Khaldoun, Ibn-el-Ouardi et Ibn-Ayas. Léon l'Africain et Marmol nous ont laissé des détails dignes d'intérêt. Mais ce n'est qu'au siècle dernier qu'on commença d'étudier les antiquités de la Tunisie, de noter l'emplacement des anciennes villes et surtout de recueillir des inscriptions.

Le premier savant dont le nom se présente par date et par mérite, est *Ximenès*, religieux espagnol qui séjourna en Barbarie de 1724 à 1735 pour le rachat des captifs. Il rencontra et accompagna souvent *Peyssonnel* qui chargé d'étudier la flore tunisienne, ne négligeait pas de copier les inscriptions qu'il découvrait dans ses excursions. C'est à ces deux premiers explorateurs que l'Anglais *Shaw* dut la communication des textes tunisiens qu'il a publiés et commentés dans son ouvrage (1738-1746). J'ajouterai à ces noms ceux d'*Hebenstreit* (1738-1746) qui fut professeur à l'Université de Leipzig et de l'écossais *Bruce* (1765-66) dont les manuscrits périrent en grande partie dans un naufrage.

Dès le début de notre siècle (1815) nous voyons le hollandais *Humbert* et le Comte *Borgia*, pénétrer dans l'intérieur de la Tunisie, étudier les ruines de Carthage et d'Utique et fournir à l'épigraphie grand nombre de textes inédits. Le Major Humbert demeura longtemps à Tunis et fut suivi de près dans les recherches archéologiques par Sir *Grenville Temple* (1832-1833). En ce même temps, *Falbe*, l'auteur du plan de Carthage, s'adonnait à l'étude de la numismatique ancienne. Apparaissent ensuite *Pélissier* et *Nathan Davis* dont les ouvrages, intéressants sous d'autres rapports, ajoutent peu de chose aux découvertes antérieures.

Victor Guérin (1) les surpassa tous dans l'étude des ruines de la Tunisie. Son ouvrage plein de détails précis, de descriptions consciencieuses et de textes fidèlement copiés, devrait être entre les mains de tous ceux qui voyagent dans la Régence.

Sous l'empire, M. *Daux* chargé d'une mission en Tunisie, étudia particulièrement les ruines d'Utique, de Thapsus et d'Hadrumète.

Enfin il y a dix ans, l'allemand *Wilmanns*, l'auteur du *Corpus* des Inscriptions latines d'Afrique, que la mort vint frapper sans lui laisser le temps de publier cette œuvre magistrale, visita une partie de la Tunisie et y vérifia la lecture d'un grand nombre de textes. Ce fut le savant *Momm-*

(1) Voyage archéologique dans la Régence de Tunis. Paris. — Henri Plon. 1862.

sen qui termina ce recueil d'épigraphie africaine.

Depuis plusieurs années, MM. *Charles Tissot* et *Héron de Villefosse*, l'un membre de l'Institut, l'autre conservateur au Musée du Louvre, ont consacré souvent leur science et leur talent à l'étude des antiquités de la Tunisie.

A la suite de ces pionniers de l'archéologie et de l'épigraphie, de nouveaux explorateurs pénètrent actuellement dans la Régence, la parcourent en tous sens, visitent des points inexplorés jusqu'alors et font une ample moisson de textes inédits. Ici les noms de MM. Cagnat, Gasselin, Poinssot et Schmidt viennent naturellement se placer sous ma plume.

Des officiers de tout grade, dans leurs marches militaires ou dans le séjour des camps, (1) se passionnent pour les recherches archéologiques. Au Kef, une société s'est fondée sous le patronage du Général d'Aubigny, et sous la Présidence du Colonel de Puymorin.

A Sousse, un industriel, M. Amédée Gandolfe a commencé une intéressante collection.

Les ingénieurs de la voie ferrée franco-algérienne et les directeurs des carrières de marbre de Chemtou, se font un devoir de relever et faire connaître les inscriptions et objets antiques que l'on découvre dans la vallée de la Medjerdah. Je dois moi-même des remerciements à MM. Aubert, Roussel, Fanier, Lohest, Sovet et au Dr Dumar-

(1) Au moment où ces lignes sont sous presse le Capitaine de Prudhomme découvre à Hammam-el-Lif, les restes d'une synagogue antique pavée de superbes mosaïques au milieu desquelles se lisent deux intéressantes inscriptions et le Capitaine Vincent trouve, à Béja, des tombeaux phéniciens.

tin, pour les communications archéologiques qu'ils m'ont souvent faites.

Son Altesse le Bey de Tunis, comprenant l'importance et l'intérêt qu'offre dans la Régence l'étude de l'antiquité, vient elle-même de porter un décret règlementant le droit des fouilles et des recherches archéologiques.

Plusieurs fois déjà on a commencé à réunir les objets dignes d'intérêt. M. Beulé le faisait à Saint-Louis, (1) l'abbé Bourgade à Tunis (2). Des ministres tunisiens ont poursuivi également ce but (3). Mais aucune collection n'a subsisté. Plus heureux que nos devanciers, nous avons réussi à former à Carthage un musée que les savants et les touristes aiment à visiter. On s'occupe en ce moment, sous le patronage de M. Cambon, Ministre résident de France, de la formation d'un musée archéologique à Tunis.

Dans l'état actuel des recherches archéologiques en Tunisie, il est impossible de n'avoir pas à enregistrer beaucoup de découvertes. Je résumerai ici brièvement les principales, surtout les dernières en date. Depuis quelques années, on a trouvé dans la partie de la Régence qui appartenait à l'antique Numidie, des inscriptions numidiques ou libyco-berbères, et des textes phéniciens. Mais la Tunisie est particulièrement riche en épigraphie romaine. La plus importante inscription latine est sans contredit la table de Souk-el-Khemis trouvée à l'henchir Dahla par le Doc-

(1) Fouilles à Carthage, page 57.
(2) Guérin, Voyage archéologique, T. I. page 22.
(3) Bulletin épigraphique de la Gaule, Septembre-Octobre 1881. page 218.

teur Dumartin. Quoique incomplet ce texte compte
près de 100 lignes formant 4 colonnes. C'est une
supplique adressée à l'Empereur Commode par
des colons d'un domaine impérial qui se plaignent
amèrement des exactions des fermiers à leur endroit. L'empereur fait droit à leur requête et le
rescrit impérial est gravé sur cette table. Ce monument épigraphique est venu jeter une vive lumière sur l'origine du colonat, et a déjà fait la matière de plusieurs travaux.

Depuis cette découverte, des fragments analogues à l'inscription de Souk-el-Khemis ont été
trouvés loin de l'henchir Dahla par M. Cagnat et
le Capitaine Vincent.

La table de M. Dumartin donnait le nom d'un
saltus, le *Saltus Burunitanus*. Quelques mois
après, le 12 Mars 1881, je découvrais le nom d'un
autre *Saltus*, sur un cippe funéraire que je fis dé-
terrer à Chemtou, le *Saltus Philomusianus* (1).

M. Tissot reconnu le premier, l'emplacement
de *Balla-Regia, Simittu* et *Ad Aquas*. L'identifi-
cation établie par ce savant s'est confirmée pour
Simittu par la découverte de textes épigraphiques (2).

Cette station est remarquable par sa belle carrière de marbre jaune numidique. De nouveau ex-
ploitée par une Société Franco-Belge, on y retrouve des blocs extraits depuis des siècles et qui
portent gravés sur une de leurs faces le nom du
propriétaire de la carrière, celui des consuls de
l'année, et celui des procurateurs. Chaque bloc

---

(1) Revue Archéologique, Juillet 1881.
(2) Revue Archéologique, Avril, Juillet 1881, Mai 1882.

porte un numéro d'ordre. Cette carrière qui envoyait ses marbres jusqu'à Rome, était en pleine exploitation au commencement de notre ère. Des échantillons de récente extraction seront déposés à l'Exposition d'Amsterdam.

Voici quelques autres noms géographiques découverts depuis peu :

Ucitana Major, une des quinze cités de colons romains dont parle Pline, retrouvée par le D' Balthazar (Académie des Inscriptions, Séance du 8 Décembre 1882).

Civitas Thacensium, trouvée à l'Henchir-Zaktoun, par M. R. Cagnat. (Bulletin épigraphique de la Gaule. Mai-Juin 1882).

Colonia Uppenna, trouvée dans l'Enfida, à 20 kilomètres au Nord du Djebel Takrouna et publiée par M. Cagnat (Bull. épigr. de la Gaule, Mars-Avril 1882).

Thibiuca, à 3 lieues environ au dessus de Tebourba sur la rive droite de la Medjerdah. Découverte due au Général d'Aubigny. (Journal officiel, 31 mai 1882).

Masculula, à l'Henchir-Guergour, par M. R. Cagnat (Exploration épigraphique et archéologie en Tunisie, 1er fascicule, page 57).

· *Maxula*, sur une inscription trouvée à Radès, par les ingénieurs du chemin de fer. (Bulletin critique, 1er Juin 1882).

Municipium Mazucensium et *Civitas Mazucensis*, trouvé par M. de Sailly, Lieutenant au 11e Hussard, dans une région peu connue du Cercle de Kairouan.

Colonia Zamensis, probablement la célèbre

Zama où Annibal fut vaincu par Scipion, 202 av. J.-C., trouvée aussi par le même dans le cercle de Kairouan.

Le Capitaine Vincent a aussi retrouvé les noms de localités anciennes (1) et on m'a assuré que le Dr Schmidt, dans ses récentes excursions, a pu déterminer l'emplacement de diverses stations romaines.

Je n'ai pas la prétention de résumer toutes les découvertes intéressantes de ces dernières années. Je me borne à signaler les principales.

Je ne m'arrêterai donc pas à parler des inscriptions impériales si nombreuses en Tunisie et si précieuses pour l'histoire des Césars, des ex-voto aux différentes divinités Africaines, des textes municipaux et des épitaphes des cimetières. L'étude de l'épigraphie romaine en Tunisie fournit des renseignements utiles sur les lois, l'histoire, la géographie, la mythologie, le commerce, la vie privée et publique des Africains.

Ici, c'est une dédicace d'Arc de Triomphe en l'honneur des Empereurs. Là, c'est la série des différentes charges exercées par un grand fonctionnaire dans plusieurs provinces, ailleurs le nom d'un Proconsul, ceux des consuls, de légats, de préteurs, d'édiles, de tribuns et d'autres magistrats publics. L'histoire de la Tunisie, au temps des Romains, se complètera par les inscriptions. A mesure que l'on colonisera ce beau pays dont les riches moissons nourrissaient Rome et l'Italie, on verra sortir du sol des textes pré-

(1) Une de ces localités et le *Pagus Thunigabensis* (Inscription trouvée à Aïn-Maabed.)

cieux. Ce qui a été fait jusqu'à ce jour, n'est rien, si on le compare à ce qui reste à faire.

Cette terre classique de la Tunisie, cette partie de l'antique Libye, cet empire phénicien et cette colonie romaine qui conserve tant de vestiges de tous les âges, est un vaste champ de recherches à peine exploré. Les ruines de villes importantes s'y comptent par centaines et réservent aux savants qui les visiteront et les fouilleront, bien des richesses archéologiques.

« La Tunisie, a dit un de ses explorateurs, à propos des temps reculés, est un immense musée, une grande bibliothèque. »

A. L. DELATTRE.

prêtre, missionnaire d'Alger,
à Saint Louis de Carthage.

Notice sur les objets exposés provenant des recherches faites par la Cie de Mokta-El-Hadid dans la Région de Tabarca.

I. — *Aspect général du pays.* — *Constitution géologique du sol.* — *Richesses minérales, forestières et agricoles.*

Le plan à l'échelle de $\frac{1}{500}$ et la réduction au $\frac{1}{60000}$ représentent la partie du territoire Tunisien explorée par la Cie de Mokta-El-Hadid entre Tabarca et le Cap Négro sur une profondeur d'environ 30 kilomètres.

En s'éloignant de la mer vers l'intérieur du pays, on rencontre d'abord des falaises de grès (Ouled Amor, Djebel Karouba), ou à leur défaut, des dunes qui atteignent des hauteurs de 80 mètres; puis des plaines cultivées dont l'altitude ne dépasse pas 50 mètres, (Vallée de l'Oued-el-Kebir, plaine de Raz-Rajel, vallée de l'Oued Zouahra); enfin des massifs montagneux et forestiers, (Ouled ben-Saïd, Houamdia, Djebel Guessaa, Ouled Salem).

Les terrains qui composent cette région appartiennent à la formation tertiaire qui est représentée dans l'ordre descendant : par un système de grès ferrugineux, qu'on rencontre le long de la côte depuis les environs de Bône jusqu'au Cap Negro et qui renferment les affleurements de Kef-Oum-Theboul; des marnes argilo-calcaires; enfin des calcaires compactes qui forment des mamelons coniques dans la plaine de l'Oued-Zouahra, et dont l'ensemble forme un système parallèle à celui des grès.

Les grès sont souvent très-fortement colorés en

rouge par des émanations ferrugineuses qui les ont imprégnés.

Les Dunes ont été formées par la désagrégation des grès et par l'entrainement des sables qui y sont intercalés. Une partie de ces dunes, (Ragoubet Guennana) est boisée et on y rencontre une belle forêt de chênes-liéges ; l'eau de pluie qu'elles emmagasinent donne naissance à d'abondantes sources qui sortent à leur base et fertilisent la plaine qui les sépare des montagnes.

Les plaines sont en outre arrosées par plusieurs rivières qui prennent leur source dans les massifs montagneux, (Oued El Kebir, Oued Bouterfess, Oued Berkoukett, Oued Zouahra, Oued Bellif) ; elles sont donc dans d'excellentes conditions pour la culture, si l'on tient compte de la nature argilo-calcaire de leur sous sol qui est d'une grande fertilité. Aussi sont-elles cultivées par les M'Knas et les Nefsas, et elles produisent d'abondantes moissons.

Les ruines Romaines, qu'on rencontre fréquemment dans cette région, attestent que cette plaine si fertile a été cultivée dans l'antiquité ; une des photographies exposées représente les plus importantes de ces ruines, qui se trouvent au pied du Djebel Bellif, chez les Nefsas, et le baraquement des ouvriers de la Cie du Mokta qui y est adossé.

Les montagnes des M'Knas et des Nefsas sont en grande partie recouvertes de magnifiques forêts de chênes-liège et de chênes-zéen; le plan de la région à l'échelle de $\frac{1}{20000}$ indique cesparties

boisées. Les troncs de chênes-liège et de chênes-
zéen et les plateaux exposés, proviennent d'une
magnifique forêt qui se trouve sur la rive droite
de l'Oued Bellif ; les difficultés de transport n'ont
pas permis d'envoyer à l'Exposition des spécimens d'un plus fort diamètre qui abondent dans
cette forêt, l'une des plus belles de la Région.

Ces forêts empêchent le tarissement des sources en été, et, si elles sont soumises à un régime
forestier qui, en assurant leur conservation, per-
mette leur exploitation rationnelle, elles pourront
donner lieu à des revenus considérables.

Les richesses minérales de cette région ne le
cèdent pas en importance aux richesses agricoles
et forestières, et les travaux de recherche entre-
pris par la Cⁱᵉ de Mokta-El-Hadid ont démontré
l'existence de minerais de fer assez abondants et
assez riches pour être utilement exploités.

II. — *Travaux de recherches exécutés par la Cⁱᵉ de Mokta-El-Hadid. — Plans et coupes, échan- tillons de minerais et de bois.*

Monsieur Fuchs, ingénieur au Corps des Mines,
avait signalé en 1873 l'existence de gisements intéressants de minerais de fer et de plomb dans la
partie septentrionale de la Régence de Tunis,
entre Tabarca et le Cap Serrat ; d'un autre côté,
la tradition plaçait des mines métalliques d'une
richesse fabuleuse dans le massif montagneux de
la Kroumirie. Cependant aucune exploration sé-
rieuse n'avait été faite dans cette région avant
l'année 1881, époque à laquelle la Cⁱᵉ de Mokta-
El Hadid entreprit des travaux de recherches qui

ont fait connaitre l'allure des gisements d'où proviennent les minerais exposés.

Recherches dans la tribu des M'Knas. — Le gîte de *Raz-Rajel* est constituée par de l'hématite rouge. Sa direction est sensiblement est ouest, et il a été reconnu dans ce sens sur plus d'un kilomètre. Il affleure sur le versant sud du mamelon de Raz-Rajel et sa plongée est nord-sud.

Les coupes passant par les puits n° 1 et n° 2, indiquent la puissance de la couche en ces points ; au puits N° 1 elle a une traversée horizontale de près de 30 mètres. Elle a été reconnue en d'autres points par des puits, des galeries et des sondages ; les travaux les plus profonds sont le puits N° 3 et le sondage N° 3, qui ont rencontré la couche à 28m80 et 30m40 de profondeur. Les terrains traversés avant d'atteindre la couche sont, au-dessous des terres végétales, des argiles minéralisées avec rognons de grès.

Les travaux de recherches à l'Est et à l'Ouest des puits N° 1 et N° 2, et dans l'aval pendage ont constaté la continuité de la couche, mais avec une diminution dans la puissance qui en certains points est réduite à 2 mètres.

Le rendement en fonte du minerai de Raz-Rajel à l'essai par voie sèche varie de 52 à 64 0/0 ; la partie supérieure du minerai rencontré au puits N° 1 est manganésifère, les parties les plus riches en manganèse en renferment 25 à 30 0/0.

La plaque de fonte et les barreaux exposés proviennent de la fusion en creusets brasqués du minerai de Raz-Rajel, dont un échantillon figure parmi les objets exposés. Une photographie représente le mamelon de Raz-Rajel avec le baraquement des ouvriers et le blockhaus construit par la Cⁱᵉ de Mokta, dès le début de l'installation.

Le gisement plombeux d'*Ali ben Khalifa* est situé à 1,500 mètres au Sud-Ouest de Raz-Rajel, il est renfermé dans des argiles noires. Le gisement de *Khédéiria* situé à 5,000 mètres à l'Est d'Ali Ben Khalifa est formé de galène disséminée dans une gangue calcaire.

La galène de ces deux gisements renferme des parties qui ont rendu 65 0,0 de plomb à l'essai par voie sèche, elle n'est pas argentifère.

Les travaux exécutés par la Cⁱᵉ de Mokta sur ces deux gisements consiste en un décapage des affleurements et en puits et galeries dans le gite ; les renseignements qu'ils ont fournis ne sont pas encore suffisants pour se prononcer sur leur valeur industrielle.

Recherches dans la Tribu des Nefsas. — Dans la tribu des Nefsas, la Cⁱᵉ a exécuté des travaux de recherches sur une série d'affleurements : *Mokta-El-Hadid, Boulanague, Djebel Bellif. Gannara,* qui ont une direction Est-Ouest avec une plongée vers le Nord. Le minerai des Nefsas est siliceux et sa teneur est un peu inférieure à celui de Raz-Rajel; l'inclinaison varie avec les gisements, elle est très-faible à Mokta-El-Hadid, Bellif et Gannara et très-forte à Boulanague, où on a pu suivre le gite dans un puits jusqu'au premier niveau situé à 20 mètres au-dessous de l'affleurement; la couche a, à ce premier niveau, une traversée horizontale de 9 mètres. La galerie inférieure, attaquée à 60 mètres en contrebas, a recoupé le minerai à 75 mètres et se trouve encore dans le gîte.

Une des photographies exposées représente la face Sud de la crête de Boulanague et l'entrée de la galerie inférieure.

A Mokta-El-Hadid, Djebel-Bellif et Gannara, le minerai a été reconnu à différente; profondeurs par des travaux qui ont déterminé l'allure et l'importance des gisements. Ce qui caractérise les gîtes de Nefsas, et en particulier ceux de Mokta-El-Hadid et de Gannara, ce sont les nombreuses scories qui sont les témoins d'une ancienne exploitation ; cependant, sauf à Gannara où l'on a rencontré une ancienne galerie sur la rive droite de l'Oued Damous, on n'a trouvé nulle part aucun autre travail d'exploitation, ce qui montre que les anciens exploitants avaient dû se borner à prendre et à traiter le minerai des affleurements.

On voit par ce qui précède que la Région qui avoisine Tarbaca est appelée à un rapide développement agricole et industriel ; mais les richesses minérales, agricoles et forestières qu'elle renferme demandent pour être exploitées et utilisées des voies de communication et un port d'embarquement.

III. — Projet du port de Tabarca et du chemin de fer.

Plans à l'échelle de $\frac{1}{20000}$ et de $\frac{1}{2500}$

Tabarca est le port naturel de cette Région ; le mouillage actuel se trouve compris entre l'île et les contre-forts boisés du massif des Ouled Amor qui se terminent sur le bord de la mer par une falaise rocheuse ; une des photographies représente l'ile avec le vieux château qui la couronne, et en face, sur la terre ferme, le fort de Bordj-Djedid occupé par les troupes françaises.

Les ruines Romaines qui couvrent les abords du Bordj-Djedid, les nombreuses citernes et les fortifications de l'île, ainsi que les anciennes jetées qui y sont amorcées, indiquent que Tabarca a joué un rôle important pendant l'occupation Romaine et aux temps plus modernes de l'occupation Génoise. Le plan de Tabarca à l'échelle $\frac{1}{2500}$ représente ces anciennes jetées partant des extrémités S.-O et S.-E. de l'île et dirigées perpendiculairement l'une à l'autre.

Cette importance de Tabarca est également très-grande aujourd'hui, d'abord parce qu'elle est la clef du pays des Kroumirs et par suite une position stratégique remarquable, en second lieu parce qn'elle est appelée à devenir un centre commercial où les produits de la Région, bois et minerais trouveront un débouché naturel. Les fonds de 2 à 5 mètres, relevés entre les jetées, sont suffisants pour les barques de corailleurs qui viennent y chercher un abri par les mauvais temps, mais ils ne le sont pas pour les vapeurs.

La Cie de Mokta-El-Hadid a présenté un avant projet de port. Le plan à l'échelle $\frac{1}{2500}$ en représente les principales dispositions.

On franchirait l'isthme au moyen d'une passerelle à deux étages : l'étage inférieur, à 2 mètres au-dessus de l'eau, serait destiné au roulage des

marchandises du commerce et à la circulation ;
l'autre étage, supérieur de 5 mètres, serait réservé
aux minerais stockés sur la terre ferme, et trans-
portés au point d'embarquement au moyen d'une
traction mécanique (chaîne flottante). L'eau cir-
culerait comme par le passé entre les fondations
des différentes travées de l'ouvrage. Arrivé sur le
terre-plein, que l'on créerait sur l'île et à son
abord, à 2 mètres au-dessus de l'eau, la partie supérieure de la passerelle serait seule continuée, et
l'on atteindrait les fonds nécessaires au moyen de
deux estacades qui créeraient deux points d'embarquement à 7 mètres au-dessus de l'eau.

L'amorce de jetée existant à l'Est de l'île serait
prolongée, et un mur d'abri serait construit sur
cette jetée qui servirait aux marchandises du commerce.

Deux corps morts solides seraient établis aux
points utiles. La passe Ouest ne serait pas fermée.

Au-dessous du plan à l'échelle, de $\frac{1}{2500}$ un dessin
représente, à l'échelle de $\frac{1}{50}$ le projet d'une palée
et un croquis de l'ensemble.

Sur le plan à l'échelle de $\frac{1}{20000}$ est figuré le tracé
du chemin de fer projeté pour relier les gîtes
explorés à Tabarca. Cette voie ferrée sui-
vrait, à partir de Tabarca, la plaine comprise entre les dunes et les montagnes jusqu'à l'Oued
kettana, qu'elle traverserait en face de Mokta-El-
Hadid ; elle remonterait ensuite le cours de
l'Oued-Bouzenna, affluent de l'Oued Kettana ;
puis celui de l'Oued-Bellif jusqu'à la rencontre de

l'Oued Damous ; en ce point elle se bifurquerait
en suivant ces deux cours d'eau jusqu'aux gîtes
de Djebel Bellif et de Gannara. Ce chemin de fer,
outre les produits de l'exploitation des gisements
explorés, transporterait ceux des plaines qu'il
traverse et des massifs forestiers qu'il longe dans
la plus grande partie de son parcours. La construction de ce chemin de fer, en permettant l'exportation de ces produits miniers, agricoles et
forestiers, donnerait au port de Tabarca un mou-
vement d'environ trois cent mille tonnes par an.

Quelques mots sur l'histoire de l'architecture en Tunisie

Peu de pays se sont trouvés mieux partagés comme sol et comme climat que cette partie de l'Afrique qui s'appelle aujourd'hui la Tunisie; mais aussi peu de pays ont éprouvé plus de vicissitudes politiques.

Appelée, par sa situation au milieu de la côte qui s'étend de la Syrie au Maroc, à prendre une importance commerciale considérable, cette contrée à servi tour a tour, à la fondation des grands établissements coloniaux des différents peuples qui ont successivement dominé en Europe.

Les Phéniciens d'abord s'y établirent et y fondèrent Tripoli, les deux Leptis, Hadrumete, Carthage, Tunis, Utique et Hippone; les historiens anciens ne sont pas d'accord sur la date de la fondation de Carthage, néanmoins, elle est antérieure à celle de Rome de près d'un siècle. Si ses débuts furent obscurs, la cité de Didon devint toutefois prépondérante.

Byrsa fut construite d'abord sur une colline qui dominait le port, la ville basse ne se forma que postérieurement sous le nom de *Megara*; elle occupait les bords du vaste golfe terminé par les caps Bon et Zebib sur une sorte de promontoire. Du haut de ses remparts qui avaient vingt trois milles de tour, on découvrait Tunis et Utique.

Jusqu'au IIIe siècle avant Jésus-Christ la prospérité de Carthage, alla grandissant: ce ne fut que vers cette époque que commencèrent entre les deux rivales ces longues guerres qui ne dé-

vaient se terminer, que par le triomphe de Rome
et l'achèvement complet de la ruine de la cité
Punique. Certes la destruction de Carthage n'a
rien de glorieux pour la république Romaine,
aucun motif ne la justifie, la jalousie seule a causé
cet acte de barbarie. A défaut d'humanité, un
intérêt plus judicieux aurait dû lui faire conserver
sous sa dépendance; une cité, que malgré son in-
terdiction et ses serments; elle ne devait pas tarder
à reconstruire elle même.

   Relevée de nouveau, Carthage jouit encore
jusqu'à la fin du bas empire d'un grand éclat.
Sous Auguste et surtout sous Hadrien et Septime
Sévère, sa prospérité rappelait son ancienne
splendeur; devenue ville principale de l'Afrique
Proconsulaire, une des provinces les plus riches
de l'empire Romain, elle s'était suffisamment
relevée de ses ruines, pour qu'Ausone l'ait décla-
rée la quatrième ville après Rome, Byzance et
Antioche. Ses monuments étaient superbes, ses
temples d'Astarté, de Saturne et d'Esculape, son
cirque, son gymnase, ses réservoirs immenses
et ses conduites d'eau témoignaient de sa grandeur.

   Bien peu de choses restent aujourd'hui de ces
magnificences, de nouveau la charrue trace son
sillon sur le sol de la grande cité et c'est avec peine
que l'on peut suivre la trace de sa triple enceinte
indiquée seulement par de gigantesques blocs de
maçonnerie que l'on rencontre de loin en loin.

   C'est sur les ruines de Byrsa, au dessus du temple d'Esculape, que se trouve actuellement la
chapelle élevée à la mémoire de Saint-Louis; sur

un terrain concédé à la France par Ahmed-bey. Cette petite chapelle de style ogival est construite sur un plan exagonal, elle est entourée d'un jardin dans lequel on a réuni des fragments de sculpture antique. des inscriptions, des poteries et des mosaïques provenant de l'ancienne ville.

Le panorama qui se déroule au bas de la chapelle de Saint-Louis, permet de se rendre compte de la situation topographique de la ville de Carthage; cette importante cité était batie sur un promontoire formé de trois collines un peu moins élevées que celles qui environnaient Rome. Au bas et vers le Sud se trouvait le port sur l'emplacement duquel existent encore deux petits lacs.

Monsieur Beulé en 1859 a publié dans le journal des savants, le résultat des fouilles qu'il a faites sur cet emplacement; ce qui a permis de rétablir un plan de la ville et de ses environs.

Parmi les restes les plus importants qu'il faut citer, les citernes se placent au premier rang, admirablement construites, l'une d'elles au Nord-Ouest pourrait même encore avec quelques réparations être utilisée de nos jours, elle se compose de quinze grands réservoirs mesurant chacun trente mètres de long sur sept mètres de large et neuf de profondeur.

L'autre citerne qui devait être plus considérable encore constitue aujourd'hui le village d'*El-Malga*, plusieurs douars se sont établis dans ses vastes réservoirs. Cette dernière citerne était destinée à conserver l'eau amenée du Zaghouan au moyen du fameux aqueduc dont on suit les traces jusqu'au village de l'Ariana. Cet aqueduc qui était un des ouvrages les plus gigantesques que les Romains aient exécutés en Afrique, amenait à Carthage par un canal tantôt souterrain et tantôt porté sur de hautes arcades, les eaux de deux sources abondantes du Zaghouan et de Djougar.

Le soin apporté par les Romains aux travaux hydrauliques mérite toute l'attention des explorateurs de cette partie de la Tunisie; dans un pays où l'eau est rare: on ne saurait trop admirer la somme énorme d'efforts que ces grands constructeurs de l'Antiquité, déployaient pour la conserver et ce qu'il a fallu pour accomplir un travail aussi considérable que celui du grand aqueduc de Carthage dont la longueur était de près de soixante dix kilomètres. Son état de conservation est encore assez remarquable pour qu'il ait été facile de le réparer sous le dernier Bey et de l'utiliser encore pour l'approvisionnement d'eau de Tunis.

C'est à Monsieur Philippe Caillat, ingénieur Français, attaché au gouvernement Beylical que l'on doit cette délicate et si nécessaire restauration.

Puisque nous parlons du grand aqueduc de Carthage, signalons à son autre extrémité: la ruine assez importante appelée par les Arabes Enchir Aïn el Kasba (ruine de la fontaine) qui se trouve auprès de la source au Zaghouan.

La forme générale de cette construction est celle d'un hémicycle; à droite et à gauche d'un sanctuaire de 7m 20 sur 4m 13 dont l'autel est surmonté d'une niche qui devait contenir là statue de la divinité à laquelle cet édifice était consacré: s'arrondit une double galerie de 4m 28 de large qui

devait former un portique supporté par vingt quatre colonnes faisant face à autant de pilastres. Ces
colonnes ont été utilisées par les Arabes et supportent actuellement les voûtes de la grande
mosquée du village de Zaghouan.

En avant du portique et au centre est un vaste
bassin, auquel on descend par deux escaliers situés de chaque côté: ce bassin est alimenté par un
canal souterrain. Cette construction paraît avoir
été d'une exécution très soignée puisque malgré
les nombreuses mutilations qu'elle a eues à subir
la plus grande partie en est encore debout.

La petite ville de Zaghouan dont cette ruine n'est
éloignée que de deux kilométres et demi, semble
avoir possédé du temps des Romains, une importance plus grande que celle qu'elle conserve
aujourd'hui. On y voit encore les restes d'une
porte monumentale en belles pierres de taille. La
clef de voûte sur laquelle on lit, écrit en caractéres
Romains,

A V X I

L I

O

est décorée d'une sculpture représentant une tête
de bélier; ce qui a fait supposer à Shaw que la
ville était consacrée à Jupiter Ammon.

Lorsque Peysonnel visita cette ville il y a environ un siècle, il vit dans l'intérieur d'une maison,
une mosaïque sur laquelle on pouvait lire en ca-

ractères Romains de différentes couleurs; l'inscription suivante.

EMILIVS· MAVR·-FACVN
FLAMINIA· BICIORINA
FECERVNT· ET· PROFECERVNT

Aujourd'hui le village qui a succédé à l'ancienne ville et qui a été commencé par des Maures venus d'Andalousie; a pour principale industrie la teinture des bonnets rouges appelés *Chechias*. C'est ainsi que la population actuelle utilise les nombreuses sources qui arrosent cette fertile région.

Ce village de Zaghouan est du reste des plus pittoresques et des plus agréables à voir; adossé à une haute montagne, il cache ses blanches maisons dans une ceinture de riants jardins qui le font beaucoup ressembler à Blidah.

Nous ne nous étendrons pas davantage sur la période Romaine de la Tunisie. En écrivant ces lignes nous avons seulement voulu apporter pour l'intelligence des dessins qui accompagnent cette notice; quelques développements que nous avons cru nécessaires.

Bien des choses ont été dites sur Carthage et nous laissons à des savants plus autorisés le soin de les renouveler; pour nous qui n'avons pu voir que la surface de ce sol tant de fois illustré, nous ne pouvons cacher la vive désillusion que nous avons éprouvée.

En voyant ces collines arides jonchées de débris vingt ou trente fois séculaires, nous ne pouvions nous empêcher de songer, que c'est seulement

par les souvenirs de l'histoire et par l'imagination
que tout ce passé semble sortir de nouveau des
entrailles de la terre. Pour ressuciter une fois
de plus Carthage, après les travaux de l'archéologue, il faut l'âme du poëte! Après Beulé, Gustave
Flaubert et en contemplant du haut de la colline
l'immense panorama dont l'éternelle beauté a
survécu aux bouleversements humains, on songe involontairement à cette œuvre puissante qui
s'appelle Salombo.

De la Carthage Romaine rien non plus n'est
resté debout! Gênes, Pise et tant d'autres cités se
sont formées et enrichies de ses marbres et de
ses porphyres. Plus d'arcs de triomphes, plus de
temples, plus de palais. L'amphithéâtre et le forum sont détruits! le temple d'Apollon dont la
statue était revêtue de lames d'or, le port marchand et le port militaire, le fameux *Cothon* ont
disparu sauf les citernes le temps n'a rien épar-
gné.

>   ....Solatia fati
> Carthago Mariusque tulit, periterque jacentes
> Ignovêre deïs..........
>   Lucain de Bello civ. lib. 2.

Nous le répétons nous ne nous étendrons pas
davantage sur Carthage; rappelant l'opinion que
M. Ravoisié exprimait au sujet de l'exploration
scientifique de l'Algérie, opinion à laquelle la
nouvelle exploration que le gouvernement Français entreprend en Tunisie, rend toute son actu-
alité; les recherches architecturales ne doivent
pas avoir pour unique objet, l'étude des antiquités
Puniques ou Romaines dont le sol est jonché de

toutes parts. Se renfermer exclusivement dans le champ de l'érudition ne serait qu'atteindre imparfaitement le but qui lui est désigné.

L'architecte ne doit jamais perdre de vue le caractère d'utilité pratique de ses études et tout en fournissant des matériaux et des indications, aux sciences qui s'occupent du passé, il doit s'appliquer aux besoins présents et demander des enseignements à l'expérience et au génie des populations modernes.

On ne retrouve pas du reste dans les monuments Romains de l'Afrique, l'élévation et la pureté de style des monuments antiques de l'Italie; ce n'est donc surtout qu'au point de vue de la colonisation qu'ils doivent être étudiés. La nature des édifices qui est déterminée par la disposition générale de leurs plans, le choix des matériaux employés à leurs constructions doivent intéresser plus vivement que l'étude de leurs détails d'exécution, qui restent dans la plupart des cas bien inférieurs à ceux de Rome et de l'Italie que l'on connaît.

Il nous a semblé que l'intérêt qui s'attache à l'étude de l'architecture Arabe, ne doit pas être moindre. Et c'est par l'examen rapide des monuments que nous avons pu observer à Kaïr'wan, que nous essaierons de faire comprendre de quelle importance pourrait être une étude plus approfondie.

Chez les Arabes comme chez les Chrétiens au moyen âge, l'architecture se résume presque toute entière dans les constructions religieuses; c'est autour de la Mosquée comme autour de l'É-

glise que se groupent tous les édifices d'utilité
publique: Ecoles, hopitaux, bibliothèques ne sont
que des fondations pieuses. Aussi croyons nous
qu'avant de commencer la description des différentes mosquées de Kaïr'wan il serait peut être
nécessaire d'avoir une idée nette et précise de la
disposition générale des édifices consacrés au
culte Musulman.

La Mosquée n'est pas comme l'Église un temple
où habite un Dieu, c'est simplement un lieu de
prière de recueillement et de contemplation où
les fidèles se rassemblent pour adorer le Dieu unique. Le culte, à proprement parler, n'existe pas
dans la religion Musulmane.

Les rites sont simples, une fête annuelle, des
ablutions et la prière aux cinq divisions du jour;
voilà tout. Point d'autres dogmes que la croyance
en un Dieu créateur et rémunérateur, les images
sont exclues, les reproductions de la figure humai-
ne sont interdites; l'ornementation se simplifie
d'autant; elle est presque toute végétale ou géo-
métrique: des fleurs, des rinceaux, des rosaces,
des entrelacs, auxquels se trouvent souvent mê-
lées des sentences ou des glorifications d'Allah,
l'écriture arabe se prêtant merveilleusement à la
décoration.

L'enceinte de la Mosquée n'affecte pas une forme particulière, tantôt carrée ou barlongue, oc-
togonale ou ronde, couverte ou à ciel ouvert, avec
où sans portiques on en trouve de toutes les
formes.

Les plus anciennes présentent généralement
un carré entouré de portiques sur les quatre

faces; celles de l'époque suivante empruntent la disposition d'une croix latine; enfin celles élevées sous la domination turque sont souvent rondes comme le dôme de Sainte Sophie.

Dans les principales mosquées le lieu particulièrement consacré à la prière, celui où se fait le *Khotba* est le *Maqsoura* (retraite, enceinte réservée) isolé par des clôtures. C'est dans l'épaisseur du mur faisant face à la Mekke que se trouve la niche appelée *Mihrab* ou *Kibla*; à proximité du Mihrab et à droite relativement au spectateur est placée une chaire nommée *Mimbar* et dont l'usage remonte à Mahomet.

Une ou plusieurs tours élevées appelées *Minarets* servent pour inviter les fidèles à la prière; cinq fois par jour le *Muezzin* en franchit les degrés et jette du haut de leurs plates formes aux quatre points cardinaux, la formule consacrée: la Allah illa Allah Mohammed rossoul Allah! il n'y a de Dieu que Dieu et Mahomet est son prophète.

Ces minarets peuvent affecter des formes bien différentes; d'abord carrés et massifs, ils deviennent ensuite plus élégants et de plus en plus élancés jusqu'au moment où comme à la mosquée du Sultan Selim à Andrinople, ils s'élèvent vers le ciel semblables à de blanches aiguilles qui saisissent le spectateur par leur hardiesse et leur légèreté.

L'école ou Zaouïa fait partie de la mosquée, elle en est le plus fréquemment une dépendance.

Après l'édifice consacré à la divinité, la maison particulière, le *Dar*, fournirait aussi bien souvent une étude des plus intéressantes; par ses dispositions ingénieuses, par le mode de sa construction et par les motifs de décoration qui ornent ses différentes parties. La distribution qui est absolument déterminée par les mœurs particulières à la société musulmane ne varie que fort peu. Seule la disposition du terrain peut apporter quelques modifications à une ordonnance qui est consacrée par la tradition.

Une porte unique s'ouvre sur la rue pour donner accès à un vestibule dans lequel se trouve l'entrée d'une galerie qui mène après avoir fait un détour à une cour intérieure. Dans cette cour intérieure s'ouvrent les différentes pièces du rez de chaussée et dans un angle lorsque la maison est importante se trouve un escalier qui conduit aux étages supérieurs.

Les dépendances écuries, cuisines, étuves, etc sont au rez de chaussée. Le dallage de la cour repose habituellement sur la voûte d'une citerne destinée à conserver l'eau recueillie sur les terrasses qui couvrent l'habitation.

Peu ou point d'ouvertures extérieures, la vie intime en Orient, comme le visage des femmes doit être soigneusement cachée aux regards indiscrets.

Le cadre restreint de cette notice, nous oblige à ne pas nous étendre davantage sur les généralités; aussi devrons nous passer sous silence un grand nombre d'autres édifices d'une importance moindre: tombeaux, fontaines, abreuvoirs etc, qui apportent souvent à l'admiration de l'artiste une quantité de motifs aussi charmants par la forme que séduisants par la couleur.

C'est en l'an 23 de l'hégire (643 de l'ère chrétienne) que les Arabes apparurent pour la première fois en Tunisie, mais ce ne fut que vingt six ans plus tard en l'an 50 de l'hégire: que Okba ben Nafy général arabe s'en empara complètement. Il s'occupa immédiatement d'organiser et d'administrer sa nouvelle conquête et voulant mettre son centre religieux et politique à l'abri d'une surprise il fonda Kaïr'wan située à 50 kilomètres de Sousse au milieu d'une vaste plaine; il y établit le siège de son gouvernement et y construisit un grand nombre de mosquées.

Sidi Okba entoura la ville d'un mur d'enceinte d'une longueur de 3200 mètres, ce mur de 8 mètres de hauteur sur 1m 50 d'épaisseur est construit en briques. Cinq portes y sont percées pour donner accès dans la ville

Au Nord la porte de Tunis, *bab el Tunis* et la porte de la Casba, *bab el Kechla*.

Au Sud la porte des pruniers ou du Sahel, *bab el Khoukh*, à l'Est la porte des Peaussiers, *bab el Djelladine*, et la porte neuve, *bab el Djedid*.

En outre de ces cinq portes, il existe deux poternes.

Ce fut aussi Okba qui commença vers la même époque la construction de la grande mosquée, *Djâma el Kebira*. On ne sait rien sur la disposition qu'elle pouvait présenter alors; comme rien n'existe plus des mosquées du temps de Mahomet on ignore leur forme: mais on peut admettre, qu'elles se rapprochaient du style byzantin.

La première construction importante chez les Arabes fut le temple bâti à la Mekke avec les matériaux d'un vaisseau échoué destinés à la construction d'une église chrétienne en Ethiopie. Ce temple fut construit vers le commencement de l'hégire (622 après Jésus Christ) par Iacoum, architecte grec qui avait accompagné le chargement.

La plus ancienne mosquée que l'on connaisse est celle *d'Amrou*, construite au vieux Caire en 643; c'est probablement à son imitation que fut édifiée celle d'Okba; à Kaï'wan; démolie et reconstruite à plusieurs reprises, sa forme primitive a dû subir depuis bien des modifications.

Elle fut rasée et rebâtie par *Hassan ben Noman* l'an 69 de l'hégire (689) toute fois il fit conserver le Mihrab; puis le Kalife *Hicham ibn abdul Melek* 10° des Oumiades la reconstruisit de nouveau sur un plan plus vaste, en l'an 105 de l'hégire (724),

On lit dans Bekri que cinquante ans plus tard l'an 155 de l'hégire: *Jesid ben hatem* la fit démolir de nouveau à l'exception encore du Mihrab, pour la faire rebâtir ensuite en l'an 205 de l'hégire (820).

Enfin *Ziadet Allah*. Premier émir de ce nom de la dynastie des Aglabites, le même qui fortifia Sousse et entreprit la conquête de la Sicile; la fit encore une fois démolir et reconstruire entièrement vers l'an 223 de l'hégire (840.

L'enceinte de la grande mosquée de Kaïr-wan est un rectangle divisé en trois parties bien distinctes: 1°Une vaste cour entourée sur trois de

ses côtés par un double portique et donnant accès d'une part, 2° au Maqsoura et de l'autre 3° à
des dépendances au milieu desquelles s'élève le
minaret.

Cette dispositions générale est identique à celle
de la mosquée élevée au Caire vers la même
époque et connue sous le nom d'*Ebn- Touloun*;
et comme pour affirmer davantage son analogie
avec le monument Egyptien dans la grande mosquée de Kaïr'wan, une coupole sur pendentifs
s'élève portée par quatre colonnes au dessus du
Mihrab et de la chaire placée à côté.

L'effet lorsqu'on pénètre dans le Maqsoura est
saisissant, qu'on se figure un véritable quinconce
de colonnes en marbre, en onyx et en porphyre,
de toutes couleurs; ces colonnes au nombre de
cent quatre vingts proviennent des édifices Romains dont toute la contrée était remplie, leurs
chapiteaux sont de tous les styles. depuis la plus
belle époque de l'art jusqu'au style bysantin,
plusieurs d'entre eux , même ceux, qui doivent
provenir des basiliques ont conservé leurs em-
blèmes chrétiens.

Au centre de la salle les colonnes plus espacées
la partagent en deux parties et sont disposées
de manière à former comme une véritable nef
qui conduit au Mihrab,petite niche au niveau du
sol dont l'archivolte est supportée par deux colonnes en onyx; à droite de cette niche se trouve
le Mimbar haut de six mètres, les boiseries qui
le décorent sont merveilleusement sculptées. Près
de là une clôture décorée avec le même art, forme une espèce d'enceinte réservée qui donne

accès à plusieurs petites pièces qui renfermaient la bibliothèque.

Les fûts des colonnes qui supportent le dôme sont en porphyre, ils mesurent environ 12 mètres de hauteur. Cette vaste salle est à peine éclairée par la faible lueur qui passe au travers des vitraux colorés de la coupole.

Vis à vis du Mihrab, s'ouvrent dans le Maqsoura de grandes portes en bois sculpté qui permettent l'accès de la cour. Cette cour dont l'irrégularité disparait est entourée d'un double rang de colonnes, elle a l'aspect d'un cloitre et sa beauté sévère invite au recueillement, son sol dallé repose sur les voutes d'une immense citerne qui occupe toute sa surface.

Au fond s'élève le Minaret haute tour quadrangulaire dont la partie inférieure, construite en pierres d'un ton rougeatre semble de beaucoup antérieure aux deux étages qui la surmontent; la porte d'entrée de l'escalier est encadrée par des fragments d'une frise antique et son seuil est formé d'un bloc de marbre provenant de la dédicace d'un édifice Romain, dans le mur se trouvent encastrées deux pierres sur lesquelles on voit gravés en caractères Romains, les fragments d'une inscription dont une partie se trouve renversée.

```
.......ANTONINI FILI.....
.......VRELIA ANTONINI.....
DIVINERVÆ AD NEPOTIS
....TET DEDICAVERVNT
.....THIC MAXIMI DIV...
...RATORIS CÆSARIS N...
...SDIVI TRAIANI AD NEP
...CÆAEDEMFECERV....
```

Que Pélissier a publiés mais d'une manière inexacte et incomplète dans son voyage dans la régence de Tunis.

De la plate forme du Minaret à l'étage supérieur l'œil embrasse un immense horizon qui n'est limité qu'au nord et à l'ouest par la chaine de montagnes dont le djebel Zaghouan forme le point culminant.

Parmi les nombreuses mosquées de Kaïr'wan quelques unes entre autres appellent l'attention, nous avons pu faire une étude de la djema et de la Zaouïa de *Sidi habid el Khangani* les descendants de ce personnage vénéré, mort en l'an 805 de l'hégire au 15e Siècle sont encore les gardiens actuels de ce tombeau, le gouverneur Tunisien de la ville, le général Mohamed Morabeth est un membre de cette famille.

L'entrée de cette mosquée est une fausse arcade en marbre blanc et noir, dans laquelle est pratiquée une porte carrée, par où on pénètre dans un vestibule conduisant à une cour intérieure à deux étages, chaque côté de cette cour est formé à rez de chaussée de trois arcades en fer à cheval soutenant une légère colonnade qui règne à l'étage supérieur.

La salle de prière est divisée par des colonnes antiques; on y entre par deux petites portes qui se trouvent de chaque côté d'une niche, second Mihrab qui permet l'été de convertir la cour en un Maqsoura supplémentaire.

A coté de la première cour s'en trouve une deuxième entourée d'arcades supportées par des colonnes Romaines et byzantines, sous une de

ses galeries se trouve l'entrée de l'escalier qui
conduit à l'étage supérieur lequel peut contenir
une trentaine de cellules pour les religieux.

Dans l'intérieur de la ville, nous citerons encore parmi les autres mosquées:

Djema tlata bibun, la mosquée aux trois portes, dont la façade est couverte d'inscriptions en
caractères Koufiques sculptées dans la pierre.

Djema Sidi Amar Abada disposée en forme
de croix, elle est d'une construction récente et
n'a pas été entièrement achevée elle présente dans
ses voûtes des dispositions de briques fort inté
ressantes. Cette mosquée est surmontée de sept
coupoles dont l'intérieur est décoré d'inscriptions
arabes.

Djema Zitouna, dans le faubourg de Kabliya

Djema el Melek et *Djema el bey*, auprès du
bazar.

Djema Sidi abd el Kader, située près du mur
d'enceinte aux environs de la grande mosquée,
la coupole est particulièrement remarquable par
les vitraux de couleur qui ornent chacune de ses
fenêtres.

Il serait trop long de les énumérer toutes ainsi
que les nombreuses Zaouïas éparpillées dans
toute la ville. parmi ces dernières, nous citerons
seulement celle de Mohamed ben Aïssa qui se
trouve près de la porte des tanneurs; c'est là que
se réunissent les membres de la confrérie de
l'Aïssaouï. Ces fanatiques comme les derviches
hurleurs de Scutari parviennent à un certain état
d'insensibilité nerveuse dont ils savent au moyen
de jongleries plus ou moins habilement dissimu-

lées, augmenter l'effet aux yeux de ceux qui assistent à leurs exercices.

Nous terminerons cette énumération des édifices religieux de Kaïr'wan, par la description de la mosquée du barbier ou du compagnon, *Dejma Sidi Sahab el Rossoul* cet édifice forme un ensemble des plus complets qu'il soit possible d'étudier il contient un couvent, une école, plusieurs salles de prière et renferme les tombeaux de Sidi Sahab et de Sidi bel Hawi compagnons du prophète le premier qui était aussi son barbier porte dit-on dans un sachet de velours sur sa poitrine, trois poils de la barbe vénérée de Mohamed.

Craignant qu'une nouvelle description architecturale des différentes parties de cette vaste construction, ne semble fastidieuse après celles que nous avons déjà faites au sujet des différentes mosquées que nous avons déjà citées, nous nous contenterons d'entrer seulement dans quelques détails sur le tombeau de Sidi-Sahab principal objet de la vénération des fidèles.

Toute cette partie de l'édifice nous parait être du dix huitième siècle, on y retrouve le mauvais gout du style rococo qui est si fréquent dans les monuments Musulmans élevés à la même époque à Constantinople. Les murs de la salle qui est carrée sont revêtus de plaques de marbre blanc et noir, formant des dessins géométriques, la coupole est décorée d'arabesques; à son centre est suspendu un lustre vénitien.

La tombe est entourée d'une enceinte formée de quatre colonnes en marbre reliées par une grille de métal. le catafalque est recouvert d'un drap mortuaire en velours noir sur lequel se détachent des inscriptions arabes brodées en argent. Le tout serait d'un effet assez médiocre, si on songe aux magnifiques *turbés* de Stamboul, s'il n'était rendu plus saisissant par une douzaine d'étendards dont les broderies délicates se mêlent harmonieusement aux couleurs de l'Islam. Tel qu'il est, et dans des dimensions il est vrai plus considérables, le tombeau nous a rappelé celui de Sidi abder Rhaman à Alger.

Habituellement fermée, l'intérieur de cette chambre sépulcrale n'est visible que par deux fenêtres grillées qui se trouvent de chaque coté de la porte d'entrée; ces deux fenêtres et cette porte ont leurs encadrements de marbre blanc ornés à profusion de feuillages entremêlé de fleurs et de fruits, le tout surmonté d'un cartouche qui contient l'étoile et le croissant Tunisien.

A proximité de ce vaste édifice se trouve un *caravanseraï* pour les pélerins qui viennent de toutes parts faire leurs dévotions à Kaïr'wan. Sept pélerinages à cette ville valent un voyage à la Mekke et donnent de même à ceux qui les ont accomplis le droit de porter le titre de *El Hadj*, vis à vis du caravanseraï est un petit bâtiment consacré aux sacrifices des moutons; enfin attenant à la Zaouïa mais situé au dehors se trouve un *Mar'sen* destiné à contenir les chevaux des voyageurs.

Si nous nous sommes aussi longuement étendus sur une aussi aride description des monuments religieux de Kaïr'wan, c'est que jusqu'à présent, ils avaient toujours été fermés aux étrangers; la plus part de ceux qui en ont parlé jusqu'à présent l'ont fait sans avoir pu y pénétrer. Nous croyons être le premier qui ait relevé les plans des trois principaux édifices que nous venons de décrire.

Nous terminerons cette notice par la nomenclature des dessins que nous exposons et dont elle n'est en quelque sorte que la préface.

TUNIS

Porte de la mosquée de l'Olivier, *djema Zitouna*.

CARTHAGE

Plan de la citerne au Nord ouest près de la mer
Plan de la partie supérieure de la même citerne
Ces deux plans sont à l'échelle de 0^m, 0025 p. m.

ZAGHOUAN

Plan de la ruine Romaine, nymphée à l'échelle de 0^m,005 p. m.
Vue générale de l'état actuel.
Vue de l'intérieur.
Nous avons complété nos relevés de Carthage et du Zaghouan, par ceux faits en 1866 par Monsieur Philippe Caillat alors que les édifices dont ils sont l'objet étaient en plus complet état de conservation.

HAMMAM—ET

Vue générale

SOUSSE

Vue de l'enceinte extérieure.
Rempart de la Marine.
Porte de la mer, *bab el Bahr*.
Vue de la Kasba.
Mosquée près de la mer.

KAIR'WAN

Vue de la porte de Tunis, côté extérieur.
Vue de la porte de Tunis côté intérieur.
Rues à Kaïr'wan.
Faubourg des Slass, près le mur d'enceinte.
Mosquée du Bazar, *djema el bey*.
Grande mosquée, *djema el Kebira*.
Plan d'ensemble à l'échelle de $0^m,005$ p. m.
Porte de la Victoire.
Vue d'ensemble de l'extérieur.
Extérieur du Mihrab.
Milieu de la galerie Nord ouest dans la cour.
Intérieur de la galerie.
Vue de la Porte principale.
Vue d'ensemble du Minaret.
Porte du Minaret.
Mosquée du barbier, *Djema Sidi Sahab rossoul*.
Plan général à l'échelle de $0^m,005$ p. M.
Vues d'ensemble.
Porte de la Zaouïa.
Porte principale et Minaret.
Mosquée de *Sidi habid el Khangani*.
Plan général à l'échelle de $0^m,005$ p. M.
Porte d'entrée.

Vue d'ensemble de la cour intérieure.

Mosquée aux sept coupoles, *Djema Sidi amar Abada*.

Vues d'ensemble.

Juste BOURMANCÉ

Chargé d'une mission par le gouvernement Français.

Notice sur l'exposition de la société Franco-Africaine

De toutes les entreprises agricoles fondées par les Européens en Tunisie, la plus vaste et la plus importante est sans conteste celle que dirige la Société Agricole et immobilière Franco-Africaine.

Propriétaire de la plus grande partie des immenses domaines que le Général Khéreddine Pacha possédait en Tunisie, la Société s'est en outre substituée aux droits que M. le Comte de Sancy détenait du Gouvernement Tunisien sur la concession de Sidi-Tabet.

Elle a pris en revanche à sa charge toutes les obligations résultant par M. de Sancy du décret de concession qu'il avait obtenu du Bey de Tunis.

Après une longue période de contestations, elle est définitivement entrée aujourd'hui dans une nouvelle phase, celle de l'exploitation et du travail.

La sécurité longtemps troublée en Tunisie est, en ce moment, complètement rétablie; les arabes insurgés commencent à repeupler le pays qu'ils avaient quitté pour passer en Tripolitaine à la suite de l'insurrection, et il y a tout lieu de compter que l'œuvre de colonisation entreprise par la Société, et secondée avec bienveillance par les autorités civiles et militaires, pourra désormais suivre son cours, et atteindre, sans nouvelle secousse, son entier développement.

La présente notice n'a d'autre but que d'exposer sommairement l'importance de cette œuvre et de faire ressortir tout l'avenir qu'elle comporte.

Il suffira de parcourir ces quelques pages pour s'assurer de la grandeur de l'entreprise, des brillants résultats dont elle est susceptible, et de l'importance du débouché qu'elle offre aux intérêts français et européens désireux de se fixer à l'étranger.

L'Enfida forme la partie de beaucoup la plus considérable des propriétés de la Société Franco-Africaine; c'est la plus vaste de ses exploitations et c'est principalement au développement des ressources de toutes sortes que présente cette riche contrée que doivent tendre ses efforts.

I

ENFIDA

GÉOGRAPHIE — Si l'on se place au milieu du golfe d'Hammamet et que l'on fixe le point culminant du Zaghouan, on embrasse presque d'un seul regard, dans un immense panorama, le domaine entier de l'Enfida, placé au milieu du quadrilatère formé par les villes d'Hammamet, Sousse, Kairouan et Zaghouan.

La montagne qui a donné son nom à cette dernière ville est la plus haute de la Tunisie; elle forme un massif allant de l'Est à l'Ouest et se rattache au système montagneux qui, dans cette direction, se prolonge du côté de l'Algérie par le massif du Djougar, lequel n'en est séparé que par le défilé de Toum-El-Karrouba.

Tous les contreforts du Zaghouan, de l'Est à l'Ouest, font partie du domaine. Ils sont connus sous le nom de Djebel Zeriba; Djeraddou, Battaria Aïn M'Decker, Garzi, Takrouna, Souafa, Halg-El-Neb. De ces contreforts à la mer se déroulent des plaines immenses formées de plusieurs couches d'alluvions d'une épaisseur considérable, composées de sable siliceux, d'argile et de calcaire.

C'est dans ces plaines que réside la richesse principale de l'Enfida. Elles sont arrosées par toutes les eaux descendant du Zaghouan, de ses contreforts et du Djoughar par les artères principales qui se nomment: l'Oued Hamam l'Oued Kastlar, l'Oued Boul, l'Oued Nebana et l'Oued Lataf. Ce dernier prend sa source en Algérie.

L'immense réservoir d'eau douce du lac El-Kelbia reçoit les eaux de l'Oued Nebana et de l'Oued Lataf, et forme la limite du domaine au Sud-Est.

Peu de pays réunissent auta de conditions de fertilité que les plaines de l'Enfida; nous ne voyons guère à leur comparer que les fécondes vallées du Nil.

Le système montagneux est formé principalement par des grès siliceux, des grès numilitiques des calcaires schisteux et marneux.

Des sources abondantes en jaillissent. Qu'il suffise de citer les eaux thermales de Zeriba, et les eaux minérales de Garzi.

Les premières, aménagées par les Romains sont encore très fréquentées par les indigènes. Elles sont très abondantes et remarquables par leur efficacité contre les douleurs rhumatismales. Elles contiennent, d'après l'analyse qui en a été faite par le laboratoire de chimie de la ville de Paris, du chlore, de l'acide sulfurique et du sodium dans de très notables proportions.

Les eaux minérales de Garzi, légèrement acidulées, rappellent un peu les eaux de St Galmier ou de Vals; elles se mélangent avec le vin et forment ainsi une boisson rafraîchissante des plus agréables, et des plus précieuses dans un pays où les eaux potables ne sont pas toujours d'excellente qualité, L'acide carbonique entre pour une part considérable dans les éléments qui composent l'eau de Garzi.

Le massif de Battaria renferme des gisements de fer d'une certaine importance; Takrouna et Djeraddou du plâtre cristallisé très-pur.

La flore est à peu près celle que l'on retrouve dans tout le bassin de la Méditerranée; les montagnes sont couvertes de beaux thuyas, dont quelques uns atteignent jusqu'à 5 mètres de hauteur. L'alfa et le diss y poussent partout; les caroubiers, les oliviers et les lentisques couvrent le fond des vallées, et la monotonie de la plaine est rompue par les innombrables enclos de cactus qui forment une des principales ressources de l'indigène.

La faune est aussi variée qu'abondante: sangliers, lièvres, perdrix, grandes et petites outardes, cailles, pluviers, gibier d'eau de toutes sortes et de toutes variétés pullulent dans la montagne, comme dans la plaine.

La superficie du domaine peut être évaluée à environ 120,000 hectares.

ETHNOGRAPHIE — S'il est facile de donner une idée de la topographie de l'Enfida, il l'est beaucoup moins de faire connaître la population qui l'habite. Quel pays au monde en effet, a subi autant d'invasions et de conquêtes depuis les Phéniciens jusqu'à nos jours ?

Trois types principaux se dégagent cependant et sont assez facilement reconnaissables.

1° Les Berbéres d'abord, presque purs, descendants des premiers habitants du sol, et réfugiés comme toujours dans les montagnes. Ils occupent les pitoresques villages de Zériba, Djeraddou et Takrouna. Cette population qui a conservé son type, a complétement perdu sa langue, noyée dans la grande invasion arabe.

2° Les Maures, mélanges de plusieurs races, formant le fond de la population du littoral Tunisien et cultivant les plaines de l'Enfida les plus rapprochées de Sousse et d'Hammamet.

3° Les Arabes enfin, venus de l'Hedjaz au 11° siècle, lors de la grande invasion Ilarienne, et dont une partie a encore conservé, avec le nom de la tribu mère, l'emplacement même où celle-ci avait constitué son campement primitif.

Deux fractions de la grande tribu des Riahs campent encore dans les montagnes de Morinissin et de Souafa.

Les Ouled Saïd, une des quatres fractions Ilariennes dérivant des Riahs, à savoir les Ouled Myrdak, les Ouled Ali et les Ouled Ammar, habitent entre le lac El-Kelbia et le massif montagneux.

D'autres fractions de tribus arabes, ayant un

sang plus ou moins mélangé, tels que les Aichers les Medebba dont la tribu mère se trouve à Sfax, les Trabelsi, originaires de Tripoli, les Slass, les Neffetti de Nefta, les Mdebba, les Amar-Emma, les Hammama et les Fatnassa complètent la population, malheureusement encore trop clairsemée de l'Enfida.

Au 31 Décembre 1882 elle pouvait se dénombrer comme suit.

EUROPÉENS	Hommes	26	40
	Femmes	6	
	Enfants	8	
INDIGÈNES	Hommes	2950	6850
	Femmes	1800	
	Enfants	2100	

En tout   6890   hab.

Il serait puéril de vouloir reconstituer l'histoire d'un domaine quelque grand qu'il soit. Qu'il suffise de dire que, sous la domination Romaine, l'Enfida, qui était le cœur de la Byzacène, ne renfermait pas moins de dix-sept villes. Quelques unes d'entre elles, leurs ruines en témoignent assez, étaient d'une réelle importance; la Société en a découvert deux cette année: celles d'Upenna et de Thac. Il y avait en outre de nombreux villages et une multitude de fermes; deux voies romaines importantes allant d'Hadrumetum à Tuburbo Majus et à Carthage traversent le domaine dans sa longueur et dans sa largeur.

La richesse du pays à cette époque était telle que les Romains avaient créé un entrepôt de céréales et un port d'embarquement pour l'Italie,

sous le nom d'Horœa Cabia, actuellement
Hergla, à la pointe Sud du golfe d'Hammamet.

Comment un pays aussi florissant a-t-il pu devenir presque désert, comment de toutes ces cités
ne reste-t'il que des ruines?

L'histoire du Nord de l'Afrique est là pour
répondre. Il faut seulement retenir que les guerres
de religion qui précédèrent la chute de la domination Romaine en Afrique furent suivies de persé-
cutions telles que celles-ci servirent de prétexte
aux spoliations les plus odieuses.

Les Donatistes dont le dernier évêque était à
Oppidum Battariense (Battaria) dépouillés de
tous leurs biens, traqués comme des bêtes fauves
se réunirent en bandes, sous le nom de circon-
cellions, et prirent leur revanche en mettant le
pays tout entier à feu et à sang.

Les révoltes des Berbères, sous la domination
grecque et vandale, l'invasion arabe, les querelles
intestines, les guerres religieuses contre les Ha-
dites achevèrent l'œuvre de destruction et ame-
nèrent progressivement le pays à l'état d'anarchie
et ensuite au degré d'appauvrissement où il se
trouve actuellement.

INDUSTRIE, COMMERCE, AGRICULTURE — Les populations indigènes de l'Enfida ont laissé dépérir
au dernier degré l'industrie, le commerce et l'a-
griculture, ces trois sources de richesses pour
tous les autres peuples.

Leur industrie consiste uniquement à tisser de
la laine pour leur usage personnel, à tirer partie
de l'alfa pour les cordages, les paniers et les tapis

et enfin à fabriquer différentes poteries de formes originale, mais de mince valeur.

Leur commerce est complètement nul.

L'agriculture est celle de tous les peuples restés primitifs. Elle consiste dans l'élevage du bétail très peu intelligemment compris, du chameau, du mouton et principalement de la chèvre, et dans une culture des plus superficielles des différentes céréales, de l'orge surtout.

Les Berbères de l'Enfida, un peu plus industrieux, s'adonnent plus spécialement à l'apiculture et à la culture des oliviers. Ils tirent de ces deux sources de revenus des produits assez sérieux, eu égard à la modicité de leurs besoins. Leur miel est d'une qualité tout à fait remarquable; mais leurs procédés pour utiliser l'olive sont des plus primitifs, et fort peu rémunérateurs, en somme.

Tel est le pays dont la Société Franco-Africaine est devenue propriétaire. Elle a dû alors se donner pour but la transformation complète de cet état d'inproduction et tacher de faire rendre à cette terre d'une richesse incomparable tous les trésors qui seront le prix d'un aménagement entendu et de l'application des procédés agronomiques les plus préconisés.

La tâche que se proposait la Société était rude et difficile; elle a eu dès le début, elle a encore aujourd'hui à combattre l'obstination des habitudes primitives, et à surmonter toutes sortes d'obstacles.

Et tout d'abord se posait devant elle une question capitale:

Fallait-il aborder la culture directe avec tous les perfectionnements qu'elle comporte ou bien n'améliorer que progressivement, en usant de tous les moyens mis à sa disposition pour tirer parti de la terre.

La Société s'est arrêtée à ce dernier parti, et a adopté d'une façon générale le programme suivant:

Appeler par tous les moyens possibles une population nombreuse, Européenne et Indigène; assurer à cette population des baux à longs termes.

Mettre les terres à l'abri de la sécheresse par un vaste système d'irrigations.

Adopter un lotissement bien entendu qui obligera les indigènes à défricher et à perfectionner leurs labours.

Améliorer et développer la race ovine par l'introduction de troupeaux algériens (race dite des Abdel-Nour).

Etablir des troupeaux de bêtes bovines, la viande de boucherie devant trouver des débouchés faciles et rémunérateurs en Tunisie.

Créer de vastes prairies, tant pour les besoins de la propriété que pour en livrer les produits au commerce.

Reconstituer les cantons forestiers tant par la conservation des bois existants que par l'introduction d'essences étrangères.

Greffer progressivement les innombrables oliviers sauvages qui pullulent dans la propriété.

Créer un vaste vignoble et une station viticole, appelée à fixer d'une façon positive la culture et les cépages les plus appropriés au pays; après les

nombreuses expériences faites en Algérie, il n'est
pas besoin d'insister sur tout l'avenir que l'on
est en droit d'attendre de la culture de la vigne,
et sur les immenses résultats qu'il y a lieu d'en
espérer.

Organiser et améliorer la récolte de l'alfa et lui
ouvrir un débouché direct pour l'Europe. Des
spécimens des alfas de l'Enfida figurent à l'exposition d'Amsterdam; il est facile de se rendre
compte qu'elles sont de qualité tout à fait excep-
tionnelle; la Société a déjà conclu d'ailleur un
traité important avec un entrepreneur qui les
transporte et les rend en Angleterre.

Servir enfin de moniteur et de conseil à cette
population indigène. si retardataire, si peu faite
aux idées du progrès, mais dont il n'est pas impossible cependant de tirer parti, et qui finira par
comprendre, par les premiers résultats acquis,
tout l'intérêt qu'il y a pour elle à suivre l'impul-
sion des Européens.

Aperçu sur les travaux d'irrigation à exécuter à l'Enfida.

Une question sur laquelle l'attention de la Société s'est tout spécialement portée, et dont l'étude lui a paru particulièrement importante est celle des travaux d'irrigation à exécuter dans ses domaines.

Elle n'a pas tardé à reconnaître que la propriété de l'Enfida se trouve dans des conditions merveilleuses pour l'irrigation.

Outre la partie montagneuse de l'Enfida, plusieurs massifs importants, situés en dehors du domaine, tels que le Zaghouan, le Sidi-Zid, le Sidi Abd-El-Fadeloun, déversent leurs eaux par plusieurs Oueds dans les plaines de l'Enfida. Tous ces oueds sont, comme en Algérie, à régime torrentiel ; ils donnent pendant une vingtaine de jours des masses d'eau considérables et sont à sec tout le reste de l'année ; quelques sources à faible débit sont seules persistantes pendant la période estivale.

Malgré ces conditions avantageuses, la Société en prenant possession de ses domaines n'a trouvé aucun travail important pour l'aménagement des eaux. Quelques ruines de barrages romains, quelques canaux arabes ensablés et rompus en différents endroits, les montagnes déboisées, les sources non captées, tel est l'état dans lequel se trouvait l'Enfida.

Ce sont les dérivations hivernales qui ont préoccupé en premier lieu la Société. Le projet d'utilisation des eaux d'hiver de l'Oued Boul, qui figure à l'Exposition, est un des types qu'elle compte répandre de plus en plus dans ses propriétés, comme lui semblant le plus pratique et le plus avantageux.

Ces irrigations ont un double but :

1° Répandre sur une petite surface l'eau tombant et se perdant sur une surface trois ou quatre fois plus considérable, et assurer ainsi la récolte dans les années peu pluvieuses.

2° Faire déposer sur les terres le limon généreux et fécond que charrient les eaux, et empêcher ainsi l'appauvrissement du sol, en l'enrichissant chaque année de nouvelles couches d'alluvions.

La jachère devient ainsi inutile et l'engrais n'est plus nécessaire, car le limon, engrais par excellence, rend à la terre les différents principes que les cultures lui enlèvent.

De plus cette grande masse d'eau favorise énormément la création des prairies naturelles. Les prairis de l'Oued Boul peuvent dès à présent servir de types, et partout où l'eau sera suffisante, il sera de l'intérêt de la Société de créer des prairies analogues.

L'aménagement des eaux d'hiver est relativement facile et peu coûteuse : pas de grands travaux d'art ; de simples barrages en terre et fascines dont l'ossature est formée par des piquets de thuya ou de tamarin reliés entre eux par des tiges de lauriers, des canaux en terre à grande pente d'environ 1 mètre par kilomètre pour empêcher l'ensablement, quelques vannes sur les principaux canaux de distribution.

Voilà en résumé la pratique de ce genre d'irrigations.

Les frais de premier établissement sont peu élevés, ceux d'entretien sont également peu considérables, pourvu que l'on fasse en temps utile les réparations nécessaires.

En procédant de cette manière et progressivement, l'Enfida dans cinq ans pourra avoir d'un côté 6,000 hectares qui bénéficieront des irrigations d'hiver et seront loués aux fellahs pour la culture des céréales, de l'autre 2,000 hectares de prairies donnant une excellente coupe annuelle de foins de très-bonne qualité.

Mais ceci ne forme qu'une partie du programme de la Société. Il est d'autres travaux d'une égale importance qu'elle compte aussi entreprendre pour avoir de l'eau régulièrement toute l'année pour les prairies artificielles et pour les cultures industrielles. Ces travaux ont trait au reboisement des montagnes. à la captation des sources, au forage de puits artésiens, à la création de barrages réservoirs.

Le débit des sources est en partie proportionnel au boisement des montagnes. Sur une pente non boisée, les eaux de pluie ravinent, ne pénètrent pas le sol et vont immédiatement rejoindre leur thalweg naturel. Sur des versants couverts d'arbres, les eaux filtrent à travers les terres, et contribuent à l'alimentation de la nappe aquifère qui va plus loin former les sources à certains endroits déterminés.

En reboisaut les montagnes, c'est à dire en entretenant et conservant les thuyas existants, et

en semant d'autres essences, le régime des sources sera certainement dans quelques années et
plus abondant et plus régulier. Ces sources bien
captées permettront d'entretenir autour de chacune
d'elles des prairies permanentes.

Une connaissance plus approfondie de la nature
géologique du sol permettra l'essai de forages en
vue de rechercher la nappe artésienne. La Société
ne perdra pas de vue cette question d'une importance capitale.

L'étude du régime des pluies et des emplace-
ments favorables facilitera enfin la création de
barrages-réservoirs, organes régulateurs des
cours d'eau.

Un dernier mot avant de terminer ce que nous
avons à dire sur l'Enfida.

De vastes constructions ont déjà été élevées
sur plusieurs points du domaine. Les plans de
l'Intendance principale et de l'une des Intendances
secondaires figurent à l'Exposition. On y pourra
voir également un certain nombre de vues photographiques de l'Enfida.

Mais ce dont on ne saurait donner aucune idée,
c'est la richesse incomparable de ce vaste domaine
qui constitue à coup sûr une des plus belles propriétés qu'il soit possible de voir.

I I

SIDI-TABET

Les intérêts de la Société Franco-Africaine à
Sidi-Tabet pour être moindre qu'à l'Enfida, n'en
méritent pas moins une mention toute spéciale.

L'exploitation de la concession de Sidi-Tabet à laquelle sont attachés d'importants privilèges, mais qui est grevée de charges considérables, est toute différente de l'exploitation de l'Enfida.

L'entretien d'un Haras comprenant 80 juments et 8 étalons, et d'une vacherie où le nombre des vaches doit être de 200, et celui des taureaux de 8, entraîne une administration toute autre qu'une exploitation purement agricole, si vaste soit elle. Et si cette partie des exploitations de la Société n'est pas la plus importante, elle est certainement l'une des plus intéressantes.

La concession de Sidi-Tabet avait été faite à M. le comte de Sancy par divers décrets ou Amhras de son Altesse le Bey de Tunis, dont le dernier porte la date du 19 Juillet 1880.

Il s'applique à 400 méchias ou 4,800 hectares de terres arables et irrigables dans la localité de Sidi-Tabet et ses environs.

Ces terres et leurs produits sont affranchis de tous impôts et droits quelconques, et la concession en est faite pour 90 ans, en vue de l'établissement d'un haras et d'une vacherie, ayant pour objet l'amélioration des races du pays.

Le domaine de Sidi-Tabet, situé au Nord-Ouest de Tunis s'étend dans la vallée de la Medjerdah, et principalement sur sa rive droite, entre le pied des versants Nord-Ouest de la montagne dite Djebel Ahmar et la rivière aux méandres capricieux.

Le fond de la propriété est entièrement composé, sur une épaisseur considérable, d'un bon sol d'alluvions argilo-calcaires, formé par les

dépôts abondants et séculaires soit de la Medjerdah, soit des nombreux ravins qui descendent du
Djebel Ahmar, sillonnent ses dernières pentes et
se déversent dans la plaine. Des analyses très-
sérieuses qui ont été faites, il ressort que les terres
de la concession sont de très-bonne qualité, les
unes fortes et compactes, avec notable prédomi-
nance de l'élément argileux ; les autres plus légè-
res avec une répartition à peu près égale de sable,
d'argile et de calcaire ; mais les unes comme les
autres, aptes à toutes cultures méridionales et
susceptibles d'un excellent rendement.

Le but du Gouvernement Tunisien, en concé-
dant les 4,800 hectares qui forment le domaine de
Sidi-Tabet, et en les exemptant de toute espèce
d'impôts, à la charge par le concessionnaire d'entretenir deux établissements aussi considérables
que le Haras et la Vacherie de Sidi-Tabet, a été
d'arriver progressivement à améliorer les races
chevaline et bovine de la Régence.

La Société Franco-Africaine, en se substituant
aux droits et obligations du concessionnaire primitif, M. le comte de Sancy, s'est donc trouvée en
présence de ce problème intéressant : Comment,
en tenant à la lettre les obligations résultant du
contrat, arriver le plus rationnellement à l'amélioration de la race chevaline et de la race bovine en
Tunisie ?

Il fallait, pour résoudre une question de cette
importance, tenir compte des conditions climatériques, des ressources locales, de la nature du
sol, et des difficultés d'acclimatation des races
d'Europe en Tunisie.

Les conditions climatériques sont, de tous points, favorables à Sidi-Tabet. La concession, située à 15 kilomètres de la mer environ, se trouve grâce à cette proximité, jouir de tous les avantages que présentent pour l'élève du cheval les contrées salubres des pays chauds, traversées par un courant d'eau important.

La nature argilo-calcaire du sol fournit des pâturages où l'herbe est abondante, d'une qualité assez ordinaire actuellement, mais facile à améliorer.

Au moyen de fumures régulières et d'irrigations, il sera possible de créer de très-bons herbages, en y joignant les cultures de trèfles, luzernes et carottes qui conviennent tout particulièrement aux établissements d'élevage, l'alimentation des animaux se trouvera ainsi assurée et les difficultés d'acclimatation seront considérablement réduites.

Si dans les premiers mois, le changement de température et de régime peut influer sur la santé des animaux importés, cette influence sera de courte durée. D'ailleurs il est bien connu que les pays chauds, berceau des meilleures races chevalines, sont merveilleusement aptes à l'élevage. L'expérience déjà faite à Sidi-Tabet, et les premiers résultats obtenus sont là pour confirmer cette vérité.

Ceci établi, il restait à déterminer à quel genre de production il y avait lieu de s'attacher tout spécialement.

La race Barbe devient chaque jour plus insuffisante, et ne répond même plus aux besoins du pays qui la produit. Les chevaux de cette race, de conformation essentiellement défectueuse, principalement dans leur arrière-main, sont en pleine dégénérescence. Il est très rare maintenant, surtout en Tunisie, d'en trouver encore de beaux spécimens. Ce n'est donc que progressivement qu'il sera possible d'arriver à améliorer la race du pays, en donnant de bons étalons aux juments indigènes que l'on présentera au Haras.

Mais au Haras même, rien n'empêche de produire des élèves d'un ordre supérieur, en croisant les meilleures races d'Europe et des pays d'Orient; et c'est le but que s'est proposé la Société Franco Africaine.

Obligée par les termes du décret de concession d'avoir moitié de son effectif de poulinières en espèces Européennes et quatre étalons sur huit de race de pur sang anglais, elle a pensé que la production qui s'imposait à Sidi Tabet, non pas à l'exclusion de toute autre mais de préférence à toute autre était celle du cheval de pur sang anglo-arabe.

Les expériences faites, les résultats obtenus dans la plaine de Pau et de Tarbes, par les agriculteurs de ce pays, et au Haras de Pompadour par l'Etat, sont là pour prouver que l'élevage de l'anglo-arabe est susceptible de donner de fort bons résultats.

L'anglo-arabe peut être un excellent cheval de luxe, apte à tous les services, attelage, selle, chasse, armes.

Pour arriver à produire des anglo-arabe dans les meilleures conditions, la Société a fait l'acquisition d'étalons anglais et syriens (*ceux-ci* venant de Syrie et munis de papiers constatant leur excellente origine) et d'un grand nombre de juments de pur sang anglais, syrien ou anglo-arabe. Elle possède aussi un certain nombre de juments barbes, choisies parmi les plus belles de la plaine de Sétif, et de poulinières de demi-sang toutes susceptibles, par des croisements bien entendus de donner de bons produits.

L'effectif du Haras se compose aujourd'hui de:

8 Étalons
74 Juments poulinières
et 64 pouliches ou poulains.

La Vacherie qui doit, ainsi que nous l'avons indiqué plus haut, comporter 200 vaches et huit taureaux, est aujourd'hui à peu près au complet.

Là encore, la Société a eu à se préoccuper de l'amélioration de la race du pays; mais il convient de dire que l'espèce bovine est moins dégénérée en Tunisie que l'espèce chevaline.

La vache indigène manque de corps, et le bœuf de force et de vigueur pour les différents travaux auxquels il peut être employé, mais ils ne sont pas sans qualités, et soit en surveillant bien les croisements, soit en employant avec discernement le système de la sélection, il est possible d'obtenir de bons produits. La Société a pensé pouvoir arriver à un meilleur et plus prompt résultat en infusant aux vaches indigènes un sang plus généreux que celui des taureaux du pays.

C'est dans ce but qu'elle a fait acheter, dans le Nivernais, de fort beaux taureaux de race charolaise ; elle s'est procuré en même temps quelques vaches et génisses de cette même race, pour pouvoir, à Sidi-Tabet même, avoir des produits purs pour remplacer plus tard les étalons manquants.

Les premiers croisés charolais nés à la vacherie ont été très-appréciés des connaisseurs qui les ont vus, et tout fait espérer les meilleurs résultats pour l'avenir.

La vacherie compte encore un certain nombre de vaches de race piémontaise qui semblent devoir également donner de bons produits.

Mais la principale question pour la vacherie est celle de l'alimentation. Pour faire de bonne viande, il faut une nourriture saine et abondante. Les veaux et les bœufs, mêmes médiocres de la Tunisie, se vendraient dans des conditions très-rémunératrices si on leur donnait de bons pâturages.

C'est la même difficulté que nous indiquions tout à l'heure à propos du Haras. La Société s'applique à la résoudre par les moyens qu'elle reconnaîtra comme étant les plus pratiques.

En dehors de la Vacherie et du Haras, il y encore à Sidi-Tabet un important troupeau de moutons de race algérienne. La Société a cru devoir importer en Tunisie cette race, qui est très-supérieure à la race indigène comme qualité de viande et comme finesse de lainage.

Les moutons trouvent une abondante pâture sur le versant des collines faisant partie de la concession, et sur les terres de parcours et les montagnes qui l'entourent.

Les questions d'élevage sont, comme on le voit, celles qui priment à Sidi-Tabet toutes autres questions.

Pour arriver à subvenir à l'alimentation de tous les animaux entretenus en tant que céréales, prairies, pâturages, etc., la Société a pensé qu'il y avait lieu de créer sur le domaine une vaste exploitation agricole directe, en utilisant la force motrice considérable dont dispose le Haras par le nombre de juments.

Il importe en effet, et il est facile, de tirer un tout autre parti de ces plaines excellentes, uniquement cultivées en blé et en orge à la manière arabe, c'est-à-dire par un simple grattage superficiel du sol et à peine sur la moitié de sa surface.

En outre de la culture des céréales effectué avec des labours convenables, et de la préparation de prairies si nécessaires à l'élevage de Sidi-Tabet, la Société a commencé la création d'un vignoble destiné à prendre une grande importance. Elle s'est procuré en Algérie les plants les mieux appropriés au sol de la Tunisie, et les conditions exceptionnelles de réussite dans lesquelles elle se trouve à Sidi-Tabet, comme à l'Enfida, pour les vignobles, donnent lieu de compter sur de brillants résultats.

Enfin des arbres ont été plantés autour du Haras, des bouquets de faux poivriers et de frênes ont été disséminés dans les paddochs, et d'ici peu d'années, l'aspect du domaine sera complètement modifié.

Mais le domaine entier ne peut être exploité directement, et les trois quarts environ devront continuer à être loués aux arabes. La proximité de Tunis, et la valeur des terres permettent d'ailleurs de faire des locations assez avantageuses et qui le deviendront plus encore par la suite.

Les plans du Haras et de la Vacherie de Sidi-Tabet montrent de quelle façon, la Société a compris ses obligations.

Ces deux superbes établissements sont aujourd'hui terminés.

Leurs effectifs sont au complet, la période de production va donc commencer. Il y a tout lieu d'espérer que les résultats seront en rapport avec les efforts qui ont dû être employés pour surmonter les difficultés du début.

III

En dehors de la propriété de l'Enfida et de la concession de Sidi-Tabet, la Société Franco-Africaine possède encore de fort beaux palais, un certain nombre de maisons à Tunis et à la Goulette, et les deux domaines de Mornak et de Chebedda.

Le PALAIS DE LA HAFSIA, situé dans le quartier arabe de Tunis, est une des plus luxueuses résidences mauresques de la ville.

Son architecture est soignée dans les moindres détails ; nous pouvons citer notamment les patios ou cours intérieures, entourés de forts jolis appartements décorés dans le style mauresque, et le vestibule d'entrée.

Les écuries du palais, conçu tout entier dans des proportions grandioses, peuvent recevoir au moins une soixantaine de chevaux ; les dépendances sont spacieuses et commodes, et un charmant jardin, chose rare dans l'intérieur de Tunis, ajoute encore à l'agrément de cette belle habitation.

Le palais de la Hafsia est aujourd'hui occupé en grande partie par les Tribunaux Français.

Le PALAIS DE CARTHAGE, situé tout auprès de la Goulette et sur les bords même de la mer est une résidence réellement princière.

Il donne d'un côté sur la Méditerranée, de l'autre sur les grands jardins, arrosés par l'eau du Zaghouan et complantés d'arbres fruitiers et forestiers des essences les plus variées et les mieux choisies.

Les constructions comprennent en dehors du palais principal, où le marbre et la faïence multicolore ont été prodigués avec tout le luxe oriental, un établissement de bains de mer, des écuries pour cinquante chevaux, et de fort belles dépendances ; le tout en excellent état d'entretien.

Des terrasses s'étend une vue splendide sur le golfe ; les villages de Rhadés et d'Hammam-Lyf détachent le blanc profil de leurs maisons mauresques sur le fond sombre des montagnes ; au loin les crêtes dentelées du Zaghouan dominant les sommets de l'Hammam-Lyf, se découpent en arêtes vives sur l'admirable ciel bleu d'Afrique.

L'autorité militaire a installé à Carthage un hôpital pour les officiers et sous-officiers du corps d'occupation.

Le Palais de la Manouba sis à huit kilomètres de Tunis, auprès du Bardo, est également une magnifique propriété, plus considérable encore que celle de Carthage.

Ses jardins d'une contenance de dix hectares sont complantés d'orangers, de citronniers, d'arbres fruitiers de toute espèce, et abondamment approvisionnés d'eau au moyen d'une prise d'eau de Zaghouan. Leur parfait état d'entretien rappelle les plus belles plantations de Sorrente ou de Blidah.

Comme le palais de Carthage, celui de la Manouba est occupé par l'autorité militaire.

La Société possède encore à Hammam-Lyf un palais qui mérite d'être mentionné.

Hammam-Lyf est situé au fond du golfe de la Goulette, à dix-huit kilomètres de Tunis environ, et lui est actuellement relié par une voie ferrée.

C'est une station d'hiver très appréciée des Tunisiens, ses eaux thermales sont très renommées.

Le palais comprend un établissement de bains très bien organisé avec trois piscines et susceptible d'attirer un grand nombre de baigneurs pendant la saison des bains.

C'est auprès d'Hammam-Lyf que se trouvent les domaines de Mornak et de Chebedda.

Le premier comprend une série de jardins d'oliviers fort bien entretenus et dont les produits se vendent actuellement aux enchères. Il sera possible d'en tirer un beaucoup plus grand parti, lorsque des fabriques d'huile Européennes seront venues remplacer en Tunisie les méthodes très arriérées des Arabes.

La propriété de Chebedda, d'une étendue de 800 hectares environ, est composée en presque totalité de terres arables d'excellente qualité, se louant déjà assez bien à cause du voisinage de Tunis, mais susceptibles néanmoins d'une grande amélioration.

Telles sont les propriétés de la Société Franco-Africaine en Tunisie.

Il est aisé de juger, par ce simple exposé. des immenses ressources qui lui sont offertes.

Un sol magnifique reposé pendant des siècles et apte à produire les plus abondantes récoltes en céréales et en fourrages; un climat exceptionnel permettant de cultiver la vigne sur la plus large échelle avec la certitude du succès; des plaines et des coteaux merveilleusement disposés pour l'élève du bétail et du mouton; de grandes facilités pour l'irrigation, tels sont les éléments réunis qui permettent d'assurer à la Société Franco-Africaine le plus brillant développement et l'avenir le plus prospère.

Il convient d'ajouter que l'on pousse très-activement aujourd'hui les études de la voie ferrée qui reliera Sousse et Kairouan à Tunis. Quelque soit le tracé adopté, l'Enfida se trouvera traversée par le chemin de fer, et il n'est pas besoin d'insister sur les immenses avantages qui en seront la conséquence.

Sans parler des débouchés commerciaux que l'exécution de ce projet entrainera, il est permis de prévoir que la population qui fait défaut aujourd'hui n'hésiterait pas à se porter vers ces fertiles contrées, si de plus grandes facilités de transport lui étaient offertes.

Les arabes et les berbères sont actuellement, avec quelques agents et ouvriers européens, les seuls habitants de l'Enfida. Et encore cette population indigène est-elle très-clairsemée.

On sait, de plus, combien ces races arriérées sont rebelles à toute espèce d'innovation. Sans doute pourra-t-on progressivement modifier un peu leurs procédés agricoles, et obtenir d'elles de tirer un meilleur parti des ressources du sol.

Il ne faut pas négliger le concours que l'indigène peut apporter, et il convient même de l'attirer, et de tâcher de lui faire comprendre tous les avantages d'une exploitation mieux entendue, et plus sagement dirigée.

Mais ce n'est pas seulement a l'élément arabe que la Société doit s'adresser pour donner à une affaire aussi importante son plein développement; elle doit également faire appel à l'élément européen. Elle est disposée, pour attirer les immigrants sur ses domaines à leur faire de larges avantages.

Il y a là un vaste champ ouvert aux caractères énergiques et entreprenants, une mine d'une richesse incomparable à exploiter.

Le jour où des Européens laborieux se seront portés en nombre suffisant de ce côté, et auront compris tout l'avenir que comporte le développement de la colonisation en Tunisie, la France aura augmenté son empire colonial d'une contrée riche et prospère, qui compensera au centuple les sacrifices qu'elle se sera imposés à son sujet.

Ce sera l'honneur de la Société Franco-Africaine et de ses fondateurs d'avoir, pour leur part, contribué à ce résultat.

EXPOSITION UNIVERSELLE D'AMSTERDAM

SECTION TUNISIENNE

———

Catalogue des objets exposés

———

GROUPE I 1re CLASSE.

Exposé par la Commission.

2154. — 1 *Carte photographiée* de la Régence de Tunis.

GROUPE I 3me CLASSE.

2061. — 1 *Photographie encadrée*, le Désert.
2062. — 1 d° d° les bords de la rivière à Menzel.
2064. — 1 *Photographie encadrée*, entrée de la rivière de Gabès.

GROUPE I 4me CLASSE.

Exposé par la Société Franco-Africaine

2183-2184. — 2 *Pierres à aiguiser* de Zériba. Ces pierres sont extraites d'une carrière de grès fin, située à 700^m à l'Ouest du village de Zériba, les indigènes s'en servent pour aiguiser leurs instruments. Une pierre de 0^m50 de diamètre revient à 3 piastres.

2211. — *Echantillons de Gypse* (pierre à faire le plâtre).

On fait cuire le gypse, on obtient du plâtre blanc de première qualité; ce plâtre durci à l'air devient presque hydraulique.

Exposé par la Cie des chemins de fer de Bône-Guelma et prolongement.

Matériaux rencontrés pendant la construction des lignes de Tunis à la frontière Algérienne et de Tunis à Hammam-El-Lif.

Exposé par la C⁰ des chemins de fer de Bône-Guelma et prolongement.

2232. — 1 *Calcaire*, coquiller très-dur, carrière Redel à 25 kilom. à l'Est de Tunis.

2233. — 1 *Calcaire argileux dit de Sahouan*, à Djebbel Djeloud, à 2 kilom. au Sud de Tunis.

2234. — 1 *Quartzite de Djedeida*, à 27 kilom. à l'Ouest de Tunis.

2235. — 1 *Marbre et Brèche*, à Mayana, à 28 kilom. de la ligne de Tunis à Ghardimaou.

2236. — 1 *Calcaire jaune grossier très-sonore*, à Efftatir, près du kilom. 95.

2237. — 1 *Grès gris très dur*, Anchir M'zor, kilom. 98.

2238. — 1 *Grès jaune*, Anchir M'zor, kilom. 98.

2239. — 1 *Calcaire grossier blanc*, à Béja.

2240. — *Calcaire gris rosé très dur*,, à 4 kil. à droite du kilom. 128.

2241. — *Grès rougeâtre très dur*, au kil. 192, près de Ghardimaou.

2242. — *Grès rouge*, Sidi Salah, kilom. 104.

2243. — *Gypse*, à montagnes bordant la Medjerdah du kilom. 101 au kilom. 103.

2244. — *Tafeza*, Vallée de la Medjerdah.

2245. — *Salpêtre*, à montagnes bordant la Medjerdah du kilom. 101 au 103.

Exposé par M. Grand, ingénieur des mines.

2405-2411. — 7 *Echantillons* minerais de plomb argentifère d'Aïn-Aaron, près Zaghouan.

2412-2415. — 4 *Echantillons* de minerais de plomb argentifère du Djebel Kohl près Djouggar.

2416-2419. — 4 *Echantillons* de minerais de Manganèse du Djebel Lazrag.

Groupe I 6ᵐᵉ Classe.

Exposé par la Commission.

617. — 1 *Peau* de panthère préparée à l'alun.

Groupe II 9ᵐᵉ Classe A.

Exposé par la Commission.

2050. — 1 *Photographie encadrée*, habitation de Bédouins.

2056. — 1 *Photographie encadrée*, porte Romaine à Tunis.

2058. — 1 *Photographie encadrée*, les Souks à Tunis.

2059. — 1 *Photographie encadrée*, vue générale de Tunis.

2060. — 1 *Photographie encadrée*, aspect de Gabès du côté Sud.

2063. — 1 *Photographie encadrée*, rue des Souks à Tunis.

2065. — 1 *Photographie encadrée*, vue générale de Djerba.

2071. — 1 *Photographie encadrée*, aspect de la Goulette, de la route de Radès.

2072. — 1 *Photographie encadrée*, place du Consulat à Haumt-Souk, à Djerba.

2073. — 1 *Photographie encadrée*, la place de Radès.

2074. — 1 *Photographie encadrée*, entrée de Bizerte.

2076. — 1 *Photographie encadrée*, la porte du Bardo.

2080. — 1 *Photographie encadrée*, marché arabe.

2081. — 1 *Photographie encadrée*, intérieur tunisien.

2082. — 1 *Photographie encadrée*, rue Léonce à Sfax.

2083. — 1 *Photographie encadrée*, le Squar de la Goulette.

2085. — 1 *Photographie encadrée*, vue de Sfax, prise de la mer.

2087. — 1 *Photographie encadrée*, campement de Nomades.

2088. — 1 *Photographie encadrée*, avenue du Bardo (un jour d'orage).

2089. — 1 *Photographie encadrée*, campement de chefs indigènes.

2090. — 1 *Photographie encadrée*. avenue du village de Radès.

2091. — 1 *Photographie encadrée*, le pont de la Goulette.

2093. — 1 *Photographie encadrée*, porte d'entrée de la cour intérieure du château du Bey, conduisant aux appartements des femmes.

2096. — 1 *Photographie encadrée*, aspect de l'entrée de Djerba.

2099. — 1 *Photographie encadrée*, vue générale de Sidi Bou-Saïd.

2100. — 1 *Photographie, encadrée*, vue générale de Sfax.

2102. — 1 *Photohraphie encadrée*, débarcadère de la Goulette.

2104. — 1 *Photographie encadrée*, avenue de l'Oasis à Gabès.

2105. — 1 *Photographie encadrée*, débarcadère de Sousse.

2106. — 1 *Photographie encadrée*, suite du débarcadère de Sousse.

2107. — 1 *Photographie encadrée*, vue générale de Radès.

2108. — 1 *Photographie encadrée*, oasis de Gabès.

2109. — 1 *Photographie encadrée*, le café maure de Zaghouan.

2110. — 1 *Photographie encadrée*, patio de la Résidence, à la Marsa.

2112. — 1 *Photographie encadrée*, le château de Khérédine.

2113. — 1 *Photographie encadrée*, le palais de S. A. le Bey à la Marsa.

2116. — 1 *Photographie encadrée*, le canal de la Goulette.

2117. — 1 *Photographie encadrée*, campement de Nomades.

2122. — 1 *Photographie encadrée*, place de Sidi-Bou-Saïd.

2124. — 1 *Photographie encadrée*, vue de Sfax, prise des remparts.

2127. — 1 *Photographie encadrée*, porte d'entrée du château d'Aly-Bey.

2129. — 1 *Photographie encadrée*, environs de Djerba,

2130. — 1 *Photographie encadrée*, les bords de la rivière à Gabès.

2132. — 1 *Photographie encadrée*, café maure de la Casbah

2137. — 1 *Photographie encadrée*, Tunis à vol d'oiseau, pris de la Casbah.

2138. — 1 *Photographie encadrée*, vue générale, prise de Sidi Bou-Saïd.

2141. — 1 *Photographie encadrée*, rue Ben-Hassen, à Tunis.

2143. — 1 *Photographie encadrée*, passage à gué de Nomades.

2144. — 1 *Photographie encadrée*, environs de Mehdia.

2147. — 1 *Photographie encadrée*, Sfax, vue générale à vol d'oiseau.

2148. — 1 *Photographie encadrée*, un café maure.

2149. — 1 *Photographie encadrée*, vue de Zaghouan, prise de la source.

2150. — 1 *Photographie encadrée*, avenue de Haumt Souk, à Djerba.

2153. — 1 *Photographie encadrée*, vue générale de Tunis.

2155. — 1 *Plan* de Kairouan.

2156. — 1 *Plan* de Sousse et de ses environs.

2157. — 1 *Plan* de Sfax et de ses environs.

2158. — 1 *Plan* de Kairouan.

2160. — 1 *Photographie encadrée*, rue de Carthagène.

2447. — 1 *Nouveau plan* de Tunis, exécuté par Ch. Caillat.

2448. — 1 *Photographie*, plan de Tunis.

GROUPE II 9e CLASSE B.

Exposé par la Commission.

643-644. — 2 *Haiti*, tentures en cotonnade soutachées de drap, exécutées par Rahamim Tbika.

645. — 1 *Table en noyer*, incrustée nacre, os et bois, exécutée par Salah el Ghaoui.

719-720. — 2 *Suspensions en cuivre*, pour veilleuse.

726. — 1 *Lampe ancien style*, en cuivre, à 4 lumières, par Taïm-Belaïch.

729. — 1 *Suspension en cuivre*, pour grande veilleuse.

1300. — 1 *Haiti*, tenture en satin et soutaches de soie.

1301. — 1 *Haiti*, tenture en satin et soutaches de soie et or fin.

1302. — 1 *Rideau* en soie et or fin.

1303. — 1 *Haiti en satin*, soutaché de soie.

1304. — 1 *Rideau* en brocart et étoffe lamée or fin.

1305. — 1 *Lanterne*, en cuivre jaune.

1306. — 1   d°   en fer blanc.

1307. — 1   d°   d°

1308. — 1   d°   d°

1309-1310. — 2 *Lampes*, en fer blanc.

1480. — 1 *Coffret*, à trois tiroirs, en nacre, écaille et os.

1481. — 1 *Coffret en nacre*, écaille et bois noir.

1482. — 1 *Petit coffret en nacre*, écaille et bois divers.

1483-1484. — 2 *Coffrets en nacre*, écaille et bois.

1485-1486. — 2 *Tables porte-manger*, en nacre, écaille et bois.

1487-1490. — 4 *Miroirs avec frontons*, en nacre et écaille.

1491. — 1 *Miroir avec frontons*, en nacre et écaille.

1492. — 1 *Miroir rond avec poignée*, pour coiffeur, en nacre et écaille.

1493-1495. — 3 *Miroirs ronds avec poignée*, pour coiffeur, en nacre et écaille.

1500. — 1 *Paire de chandeliers en argent*.

1501. — 1 *Bahut en noyer découpé à jour*, exécuté par Amor ben Aly bou Aschir.

1502. — 1 *Schathar*, porte-armes en noyer découpé à jour, par le même.

1503-1504. — 2 *Encoignures*, comme les précédents, par le même.

1505. — 1 *Table*, comme les précédents.

1506. — 1 *Table* dite *Sinia*, (porte-manger), le dessus incrusté et les côtés en bois découpé à jour.

1507. — 1 *Coffre en noyer*, le couvercle incrusté, le devant et les côtés en bois découpé à jour.

1508. — 1 *Cadre de glace*, en noyer découpé à jour.

1509. — 1 *Arc d'un lit*, en noyer découpé à jour.

1510. 1 *Divan*, en noyer découpé à jour.

1511-1512. — 2 *Encoignures*, en bois peint.

1513. — 1 *Etagère et porte-armes*, en bois peint.

1514. — 1 *Etagère*, en bois peint.

1515. — 1 *Coffre* en bois peint.

1516. — 1 *Divan*, en bois peint.

1517-1518. — 2 *Tables avec tiroirs*, en bois peint.

1519-1520. — 2 *Tables rondes*, en bois peint.

1521-1522. — 2 *Tables rondes*, en bois peint.

1523. — 1 *Sefra*, table porte-manger en bois peint.

1524. — 1 *Table* ronde basse en bois peint.

1525-1526. — 2 *Étagères*, en bois découpé appliqué sur miroirs dorure or fin.

1527-1528. — 2 *Schathar*, porte armes, en bois sculpté, dorure or fin.

1713. — 1 *Grande lampe*, en faïence émaillée

1714. — 1   d°   d°

1715. — 1 *Lampe moyennne*,   d°

1716. — 1   d°   d°

1717-1720. — 4 *Lampes petites*,   d°

1721-1722. — 2 *Pots à provisions*, d°

2161. — 1 *Matelas en laine*, pour divan en noyer.

2162. — 1 *Matelas en laine*, pour divan en bois peint.

2163-2165. — 3 *Traversins en laine*, pour les taies N° 1192-1194.

2166-2170. — 5 *Oreillers en laine*, pour les taies N° 1177-1181.

2171-2180. — 10 *Coussins en laine*, pour les taies N° 1182-1191.

2181-2182. — 2 *Colonnettes torses*, en bois dur poli.

2225. — 1 *Haïte*, tenture en velours et satin avec soutaches soie.

2226. — 1 *Haïte*, tenture en velours vert et satin soutachés de soie.

GROUPE II 9ᵐᵉ CLASSE C
Exposé par la Commission

224-226 — 3 *Coupes de tulle* brodée par une femme Arabe.

471. — 1 *Burnous* du Djeride.

472. — 1 dᵒ dᵒ

473. — 1 dᵒ dᵒ

474. — 1 *Gandoura*, étoffe laine soie.

475. — 1 dᵒ dᵒ unie.

476. — 1 dᵒ dᵒ de Djeride

477. — 1 dᵒ genre Djeride.

478. — 1 dᵒ du Djeride.

479-480 — 2 *Gandoura*, de Kasr Ahlal près Sousse.

481. — 1 *Burnous*, du Kef.

482. — 1 dᵒ Abbassie.

483. — 1 *Gros Burnous*, de Kairouan.

499-500. — 2 *Chapelets en ambre gris*, exécutés par Mohamed Djebali.

501. — 1 *Chapelet en ambre gris*, à petits grains exécuté par Mohamed Djebali.

502. — 1 *Gland*, garni passementerie d'argent doré, exécuté par Mohamed Djebali.

503 — 1 *Chaîne de cou*, exécutée par Mohamed Djebali.

Exposé par la Commission

504-509. — 6 *Bracelets en ambregris*, exécutés par Mohamed Djebali.

510-511. — 2 *Colliers en ambre gris*, exécutés par Mohamed Djebali.

512-513. — 2 *Pêches ou pommes*, exécutées par Mohamed Djebali.

514-515. — 2 *Cordons pour pantalons*, garnis or et argent exécutés par Mohamed Djebali.

516. — 1 *Cordelière* pour corset, exécutée par Mohamed Djebali.

517-522. — 6 *Paires de boucles en ambre* monté sur or, exécutées par Mohamed Djebali.

223-225. — 3 *Médaillons en ambre* monté sur or, exécutés par Mohamed Djebali.

534-539 — 6 *Paires de boucles en ambre* monté sur or, exécutées par Mohamed Djebali.

646-649. — 4 *Paires de chaussures arabes*, en peau de chèvre, 9/12 semelle cuir de Tunis.

650-658. — 9 *Paires de chaussures arabes*, N° 1 à 9.

659-662. — 4 *Paires chaussures* genre grithli en peau de chèvre et cuir de Tunis, N° 9 à 12.

667-670. — 4 *Paires Babouches Algériennes*, N° 9 à 12.

671-686. — 16 *Paires de babouches* pour femme, en peau de mouton.

663-666 4 *Paires* de chaussures genre Algérien.

687-688. — 2 *Paires de babouches* pour femme avec petite broderie en soie.

689-692. — 4 *Paires de babouches* pour fem-

me, en peau de mouton, diverses couleurs et brodées.

693-696. — 4 *Paires de babouches brodées*,
pour femme en peau de mouton, diverses couleurs.

697-700. — 4 *Paires de babouches*, en peau de
chèvre pour homme genre de Kairouan.

701-704.— 4 *Paires de babouches* pour enfants
en peau de chèvre, genre de Kairouan.

705-708. — 4 *Paires de babouches* en peau de
chèvre, pour homme.

821. — 1 *Boîte* contenant un costume complet
pour homme, étoffe de fabrication Tunisienne; le
costume est soutaché d'or fin, se compose du
pantalon, gilet fermé (Sedria), gilet ouvert et
veste, et a été fait par R^{im} Tbika.

822. — 1 *Boîte* contenant un costume comme
le précédent soutaché de soie et d'or fin, par le
même.

823. — 1 *Boîte* contenant un costume de 4
pièces, également en étoffe Tunisienne, soutaché
de soie, par le même.

824. — 1 *Boîte* contenant un pantalon et
un gilet pour femme en étoffe Tunisienne soie et
or, soutaché d'or fin, par le même.

825. — 1 *Boîte contenant un costume de femme tunisienne*, composé d'un pantalon et un corsage. l'étoffe est tunisienne, les soutaches sont
en or fin, par le même.

826. — 1 *Boîte contenant un costume de femme tunisienne*, composé d'un pantalon et d'un

corsage, l'étoffe est de Tunis, les soutaches sont
en soie, par le même.

827-828. — 2 *Paires de pantoufles*, pour femme (Rehia) en velours.

829-830. — 2 *Paires de pantoufles*, pour femme (Rehia) en drap.

831-832. — 2 *Paires de mules brodées*, pour
fillette.

833-834. — 2 *Paires de mules brodées* pour
fillette.

835-838. — 4 *Paires de mules* en peau de mouton couleur, pour femme.

839-840. — 2 *Paires de pantoufles* jaunes pour
homme.

841-844. — 4 *Paires de pantoufles* jaunes pour
homme.

845-846. — 2 *Paires de pantoufles* genre de
l'Aârad, pour homme.

847. — 1 *Paires de pantoufles* rouges pour
homme.

Bijouterie exécutée par Echoua Cohen

1311. — 1 *Garniture de Khalkhal*, en argent
pour garçon.

1312. — 1 *Paire de bracelets* pour bédouine
(Debley).

1313. — 1 *Garniture de 4 Khalkhal* en argent
pour fillette.

1314. — 1 *Paire de bracelets*.

1315. — 1   d°   (boukhdoudj

1316. — 1   d°

1317. — 1 *Chaine porte bonheur* avec deux anneaux en argent.

1318. — 1 *Paire d'épingles* en argent.

1319. — 1 *Paire de boucles d'oreilles* en argent

1320. — 1   d°   Khalkhal pour femme.

1321. — 1 *Nouach*, ornement pour la tête en argent.

1322. — 1 *Kotba*, ornement pour la tête, argent.

1323. — 1 *Paire de boucles d'oreilles*, argent.

1324. — 1   d°   d°

1325. — 1   d°   d°

1326. — 1 *Paire d'épingles avec boucles*, argent.

1327. — 1 *Paire de bracelets pour enfants*, en argent.

1328. — 1 *Anneau pour attacher le châle*, en argent.

1329. — 1 *Passe-cordon*, en argent.

1330. — 1 *Boucle de ceinture*, en argent.

1331. — 1 *Pot à pommade avec chaîne retenant le couvercle*, en argent.

1336. — 1 *Triple bobine pour la soie*, en argent.

1337. — 1 *Chaîne de bonnet d'enfant*, en argent.

1338. — 1 *Boîte à civette*, en argent.

1339. — 1 *Paire de Khalkhal pour femme*, en argent.

1340. — 1 *Paire de bracelets*, en argent.

1341. — 1   d°   genre de Gabès, en argent.

1342. — 1 *Nouassar*, ornement pour la tête, en argent.

1343. — 1 *Paire de bracelets à facettes*, en argent.

1344. — 1 *Paire de bracelets porte bonheur*, en argent.

1345. — 1 *Porte-kol de poche*, en argent.

1346. — 1 *Paire de bracelets avec étoiles*, en argent.

1347. — 1 *Broche épingle*, en argent.

1348. — 1 *Paire de boucles d'oreilles*, en argent.

1350. — 1 *Porte-khol avec oiseau*, en argent.

1352. — 1 *Petite glace*, en argent.

1355. — 1 *Chaîne de cou porte-bonheur*, en argent.

1356. — 1 *Boucle de ceinture*, en or.

1357. — 1 *Peigne en or*.

1358. — 1 *Nouache*, ornement pour la tête en or.

1359. — 1 *Paire de bracelets à jours*.

1360 — 1 *Chaine à grosses paillettes*.

1361 — 1   d°   pour bonnet d'enfant.

1362. — 1 *Paire de boucles d'oreilles*

1363. — 1   d°   d°

1364. — 1   d°   d°

1365. — 1 *Nouassar*, ornement pour la tête.

Bijoux enrichis de diamants par le dit au N° 1379.

1366. — 1 *Paire de bracelets à jour*.

1367. — 1 *Bracelet*, genre européen.

— 106 —

Exposé par la Commission

1368. — 1 *Epingle broche*.

1369. — 1 *Bague*.

1370. — 1 *Bracelet*, genre européen.

1371. — 1 *Bague*.

1372. — 1 d°

1373. — 1 *Anneau*.

1374. — 1 d°

1375. — 1 *Bague*, à une seule pierre.

1376. — 1 *Giroflée* épingle à cheveux.

1377. — 1 *Mesca*, (porte musc) en or et diamants.

1378. — 1 *Paire de boucles d'oreilles*.

1379. — 1 *Bracelet* en corne noire et diamants sur or.

1385 — 1 *Boite en fer blanc*, contenant 3 livres de teinture pour les cheveux *(Sebgha)*.

1467. — 1 *Caban et un Mariol* en laine blanche, pour homme.

1468. — 1 *Caban et un Mariol*, en laine brune, garniture blanche, pour charretier.

1469. — 1 *Kachabia en laine*, sorte de caban fermé pour homme.

1470. — 1 *Kachabia en laine*.

1471-1472. — 2 *Petites Kachabias en laine*, pour enfant.

1587. — 1 *Burnous en laine*, étoffe rayée du Sahel.

1588. — 1 *Burnous en laine*, étoffe rayée de Kairouan.

1589-1590. — 2 *Burnous en coton*, étoffe rayée de Djerbi.

Exposé par la Commission

2024. — 1 *Gandoura en laine de Kairouan,* garnie.

2025. — 1 *Gandoura en laine de Kairouan,* garnie.

2026. — 1 *Gandoura en laine de Kairouan,* garnie.

2027. — 1 *Gandoura en laine de Kairouan,* garnie.

2034-2037. — 4 *Paires de babouches de Kairouan,* pour homme.

2038-2045. — 8 *Paires de babouches en peau blanche,* brodées argent, pour femme.

Groupe II 9ᵐᵉ Classe D
Exposé par la Commission

227. — 1 *Crible* pour faire le Kouscoussou.

228. — 1 *Crible* moyen   dᵒ

229. — 1 *Crible* moyen pour faire la Bsissa.

230-231. — 2 *Cribles* moyens pour nettoyer le grain.

232-233. — 2 *Pelotes en peau de mouton,* servant à faire les cribles.

234. — 1 *Crible en sparterie de Béjà et peau de mouton* pour passer la semoule.

235. — 1 *Crible,* de 1ʳᵉ grandeur.

236. — 1 *Tamis à farine* pour ménage,

237. — 1   dᵒ   pour boulanger.

238. — 1   dᵒ   orné pour boulanger.

578. — 1 *Plateau* en cuivre rouge.

579. — 1 *Grande gamelle* en cuivre rouge.

580. — 1 *Marmite passoire* en cuivre rouge, pour faire le Kouscoussou.

581. — 2 *Petites marmites et passoires* pour le Kouscoussou au lait et au sucre.

582. — 1 *Plateau pour servir le dîner* (*Seniu*), en cuivre rouge.

583. — 1 *Plat pour servir la pâte*, en cuivre rouge.

584. — 1 *Marmite avec couvercle*, en cuivre rouge,

585. — 1 *Fhaoua*, plat avec couvercle pour servir le riz et le Kouscoussou au sucre.

586. — 1 *Seau en cuivre rouge.*

587. — 1 *Poêle à frire*, en cuivre rouge étamé.

588. — 1 *Pot à eau et cuvette*, en cuivre rouge.

589. — 1 *Casserolle et une boîte à terre savonneuse*, pour le bain, en cuivre rouge.

Exposé par Dar-El-Jeld

tannerie du gouvernement tunisien

612-616. — 5 *Rakaoua*, gobelets en peau, servant aux Musulmans pour boire pendant les nuits de Ramadam.

Exposé par la Commission.

727. — 1 *Mortier en cuivre* et son pilon du même métal, par Haïm Bellaïch.

798-799. — 2 *Pelles de boulanger.*

1332. — 1 *Cafetière en argent*, exécutée par Echouan Cohen.

1333. — 1 *Cafetière en argent* plus grande par le même.

1334. — 6 *Porte tasses* à café arabe en argent

1335. — 1 *Sucrier* avec 6 petites cuillers, argent, par le même.

1349. — 1 *Petit plateau*, en argent, par le même.

1351. — 1 *Grand plateau*, en argent, par le même.

1499. — 1 *Plateau*, en argent, par le même.

1524. — 1 *Bouilloire en fer blanc*, pour café arabe.

1530. — 1 *Cafetière en fer blanc*, pour café arabe.

1531-1532. — 2 *Cafetières* de 2 tasses chacune, en fer blanc.

1533-1536. — 2 *Cafetières* de 1 tasse chacune, en fer blanc.

Poterie émaillée de Kalaline, exécutée par Aly ben Khmis.

1605. — 1 *Cruche.*

1606. — 1 *Petite cruche.*

1607. — 1 *Cruchon.*

1608. — 1 *Petit cruchon.*

1609-1615. — 7 *Grands plats ou compotiers*, dont 5 avec couvercles.

1616-1618. — 3 *Hallab*, gobelets pour l'eau.

1619-1628. — 10 *Plats ou assiettes.*

1629. — 1 *Amphore.*

1630. — 1 *Pot à huile.*

1631-1634. — 4 *Pots à huile*, de diverses formes.

1635-1636. — 2 *Gargoulettes*, pour rafraîchir l'eau.

1637-1638. — 2 *Petites lampes.*
1639-1640. — 2 *Plats à huile.*
1641-1642. — 2 *Pots avec couvercles.*

Poterie non émaillée de Tunis.

1644. — 1 *Cruche à eau.*
1645. — 1 *Cruche petite.*
1646. — 1 *Pot.*
1647. — 1 *Terrine.*
1648. — 1 *Cruchon.*
1649. — 1 *Petit cruchon.*
1650. — 1 *Couvercle.*
1651. — 1   d°
1652-1655. — 4 *Couvercles.*
1656-1658. — 3 *Objets,* 2 couvercles et un petit pot.
1659. — 1 *Pot.*
1660. — 1 *Pot à huile.*
1661. — 1 *Passoire.*
1662-1664. — 3 *Hallab,* ou petits pots.
1665. — 1 *Petite passoire.*
1666. — 1 *Pot à eau.*
1667. — 1 *Pot.*

Poterie émaillée de Nabel.

1668-1669. — 2 *Grandes amphores.*
1670-1671.   2 *Amphores moyennes.*
1672-1673. — 2   d°   d°
1674-1675. — 2   d°   petites.
1676-1678. — 3 *Pots,* pour mettre des olives.
1679-1681. — 3   d°   d°

1682-1685. — *4 Pots à provisions.*
1686-1689. — 4 d°   d°
1690-1695. — 6 d°   d°
1696-1701. — 6 d°   d°
1702-1707. — 6 d°   d°
1708-1712. — *5 Fioles à huile.*
2028. — 1 *Marmite en cuivre*, faite à Kairouan.
2029. — 1   d°   d°   d°

GROUPE II. 9ᵉ CLASSE E.

Exposé par la Commission.

1353. — 1 *Encensoir en argent*, fait par Echoua Cohen.
1354. — 1 *Fiole à eau parfumée.*
1386. — 1 *Pipe à tabac.*
1387. — 2 *Tuyaux de pipes en cerisier.*
1388. — 2   d°   d°   à takrouri (chanvre).
1389. — 4 *Tuyaux de pipes*, en roseau, avec bouquins.
1390. — 6 *Foyers de pipes*, dorés.
1391. — 6   d°   pour takrouri.
1392. — 6   d°   non dorés.
1393. — 6   d°   riches.
1398-1399. — 2 *Bouteilles*, sirop de violette.
1400-1401. — 2 *Litres*, sirop de cédrat.
1402-1403. — 2 *Litres*, sirop de citron.
1404-1409. — 6   d°   raki, anisette du pays.
2276. — 1 *Bocal* contenant des piments rouges
2277. — 1   d°   d°
en poudre.

Exposé par la Régie des tabacs

2321. — 1 *Bocal*, contenant 4 livres tabac parfumé à priser, provenances de Soufi, Djerid, Khroumirie et Matéur.

2322. — 1 *Bocal*, contenant 4 livres tabac 2ᵉ qualité, à priser, mêmes provenances.

2323. — 1 *Bocal*, contenant 4 livres tabac à priser 3ᵉ qualité, mêmes provenances.

2324. — 1 *Bocal* contenant 1 livre 12/16 tabac coupé 1ʳᵉ qualité, provenances de Prusse et Grèce.

2325. — 1 *Bocal* contenant 2 livres tabac coupé 2ᵉ qualité, provenances Roumélie, Grèce, Tunisie et Amérique.

2326. — 1 *Bocal*, contenant 500 cigarettes à bouquins faites avec des tabacs de Prusse et de Grèce.

2327. — 1 *Bocal* contenant 500 cigarettes 1ʳᵉ qualité faites avec des tabacs de Prusse et de Grèce.

GROUPE II 9ᵉ CLASSE F

Exposé par la Commission

31-32. — 2 *Matraques*, en bois rouge et clous en cuivre, d'Aoulad Sibi Ahmed ben Moussa.

2051 — 1 *Photographie encadrée* femmes arabes
2052. — 1   dᵒ   dᵒ
2054. — 1   dᵒ   Mariage arabe
2055. — 1   dᵒ   Mariée arabe
2057. — 1   dᵒ   Costume de femme arabe.

2066. — 1 *Photographie encadrée*, costume de maison.

2067. — 1 *Photographie encadrée*, type de juive.

2070. — 1   d°   étude de costumes.

2077. — 1 *Photographie encadrée*, type de tunisienne.

2092. — 1 *Photographie encadrée*, un charmeur de serpents.

2094, — 1 *Photographie encadrée*, jeunes tunisiennes.

2103. — 1 *Photographie encadrée*, cavalier arabe.

2111. — 1 *Photographie encadrée*, juive tunisienne,

2119. — 1 *Photographie encadrée*, juive tunisienne.

2128. — 1 *Photographie encadrée*, frère et sœur tunisiens.

2136. — 1 *Photographie encadrée*, caravane sur la route de Carthage.

2145. — 1 *Photographie encadrée*, type arabe

2151. — 1   d°   types arabes et juifs.

2152. — 1 *Photographie encadrée*, vues et types.

2159. — 1 *Photographie encadrée*. campement de chevaux arabes.

Groupe II. 10ᵉ Classe A.

Exposé par la Commission.

27. — 1 *Hâche en acier avec pointe*, pour la chasse du hérisson, manche en bois dur.

28. — 1 *Hâche en acier avec pointe*, pour la chasse du hérisson, manche en bois dur.

1286. — 25 *Eponges lavées*, péchées à Sfax.

Groupe II 10ᵐᵉ Classe B

Exposé par la Commission

29-30. — 2 *Matraques en bois et fer*, pour bergers.

65-66. — 2 *Secreuses de veau*, en sparterie de Kerkna.

Exposé par Dar-El-Jeld Tannerie de l'Etat

618-621. — 4 *Grandes peaux de mouton*, préparées à l'alun, avec toison lavée et peignée, exécutées à Dar-el-Jeld.

622-624. — 3 *Peaux d'agneau* préparées à l'alun avec toison lavée et peignée, exécutées à Dar-el Jeld.

Exposé par la Commission

1416. — 1 *Agfa*, bâton pour berger.

1417. — 1 *Outre* pour faire le beurre.

1418. — 1 *Trépieds* pour l'outre à beurre.

2304. — 1 *Paire de cornes de bœuf*

2305. — 1   dᵒ   de bélier.

2306. — 1   dᵒ   de bouc.

Exposé par la Commission

2337-2338. — 2 *Sacs laine*, toisons en suint prix f. 55 à 58 les 50 kilog.

2339-2340. — 2 *Sacs laine*, débris en suint prix f. 56 à 57 les 50 kilog.

2341. — 1 *Sac laine*, toisons lavées prix f. 130 à 150 les 50 kilog.

2377. — 1 *Partie de laine* en toisons lavées prix f. 130 à 150 les 50 kilog.

GROUPE II 10me CLASSE D.

Exposé par la Commission.

574. — 1 *Partie de 5 livres* de coton en rame cultivé à menzel Jmil près Bizerte.

576. — 1 *Partie de 8 livres* de Henné en feuilles, de Gabès.

577. — 1 *Partie de 8 livres* de Henné en poudre.

607-608. — 2 Dlou, grands Seaux de campagne à queue, servant à l'irrigation des jardins, exécutés à Dar-El-Jeld.

767-769. — 3 *Pièces* consistant en Charrue pour 2 Chevaux, joug et Aiguillon, par Mohamed Omar;

770-772. — 3 *Pièces* consistant en Charrue pour 2 bœufs, joug et aiguillon par le même.

773. — 1 Charrue pour 1 cheval avec son joug par le même.

774. — 1 *Aiguillon* par le même.

775-776. — 2 *Grandes pioches* par l même.

777-778. — 2 *Petites pioches.*

779-780. — 2 *Grandes hâches.*

782-781. — 2 *Petites hâches.*

783-785. — 3 *Binettes.*

787. — 1 *Paquet* contenant 3 forces r tondre les moutons.

788. — 1 *Paquet* contenant 8 faucill

789. — 1 *Batteuse* à blé et à orge.

792-795. — 4 *Fourches*

796-797. — 2 *Pelles* pour vanner le blé orge.

800-801. — 2 *Râteaux.*

802-803. — 2 *Houes grandes.*

804-805. — 2 *Petites houes.*

1269. — 1 *Binette* pour enlever les mauvaises herbes des jardins sablonneux de Sfax.

1270-1271. — 2 *Bêches de Gabès.*

1272-1273. — 2 d° *de Sfax* avec manche en bois dur.

1274-1275. — 2 *Pics* pour défricher la terre.

1276. — 6 *Faucilles.*

1277-1278. — 2 *Cornes à poudre*, doubles, en bois sculpté exécutées à Sfax.

1279-1280. — 2 *Cornes à poudre*, en bois d'olivier sculpté, faites à Sfax.

1281. — 1 *Corne à poudre*, en bois d'olivier sculpté faite à Sfax.

1282. — 1 *Corne à poudre*, en bois d'olivier sculpté, faite à Sfax.

1283. — 1 *Caisse* contenant 50 livres pistaches de Sfax.

1284. — 1 *Caisse* contenant 50 livres amandes en coque tendres.

1285. — 1 *Caisse* contenant, 50 livres amandes en coque dure.

2276. — 1 *Bocal* contenant du Martkouch (condiment) Marjolaine.

2279. — 1 *Bocal* contenant du Carvi.

2280. — 1	d°	du Cumin
2281. — 1	d°	du Coriandre.
2282. — 1	d°	de l'Anis.
2283. — 1	d°	du Fenouil.
2284. — 1	d°	du Migelle.
2285. — 1	d°	du Hab-Erchad,

cresson alénois.

2286. — 1 *Bocal* contenant de la poudre de Coréte (Meloukhia).

2287. — 1 *Bocal* contenant des Graines de lin.

2288. — 1	d°	d'Alpiste.
2289. — 1	d°	de Sorgho.
2290. — 1	d°	de Lentille.
2291. — 1	d°	de Sésame.
2292. — 1	d°	de Maïs blanc.
2293. — 1	d°	de Maïs jaune.

2294. — 1 *Bocal* contenant de la Fenugrec.

| 2295. — 1 | » | » | des Haricots œil noir. |
| 2296. — 1 | » | » | des d° blancs de |

Sliman

2297. — 1	»	»	des Pois chiches
2298. — 1	»	»	de Grosses fèves
2299. — 1	»	»	de Petites fèves

Exposé par la Régie des tabacs

2328, — 1 *Echantillon* de Tabac en feuille, Frighi 1re qualité (Montagne de Mateur, Tunisie.)

2329. — 1 *Echantillon* de tabac en feuilles Frighi 2e qualité

2330. — 1   d°   de » en   »
Frighi 3e qualité

2331. — 1   d°   de » en   »
Frighi 4e qualité

2332. — 1   d°   de » en   »
Turki 1re qualité (Montagne de la Khroumirie, Tunisie)

2333. — 1 *Echantillon* de Takrouri, chanvre (Province de Constantine).

2334. — 1 *Caisse* contenant 35 livres de Dattes Muscades, du Djérid.

2335. — 1 *Bocal* contenant 9 livres de Dattes rfissa, cérasées, pour faire les gâteaux.

2336 1 *Caisse* renfermant 30 livres Dattes Aâlig pour la distillerie.

GROUPE II 10me CLASSE G

Exposé par la Commission

33. — 1 *Câble de Noria*, long de 37 mètres, en sparterie de Kerkna, exécuté par Thahar Hmeïd.

34. — 1 *Petit câble de Noria*, en sparterie de Kerkna, exécuté par Thahar Hmeïd.

35. — 1 *Couvre chameau*, en sparterie de Kerkna. par le même.

36-38.— 3 *Cordes*, en sparterie de Kerkna, par le même.

39-44. — 6 *Cordes*, tresses du pays.

45-50, — 6 d° tresses genre Testour.

51-62. — 12 *Fils filets minces*, du pays, en sparterie de l'Enfida.

63-64. — 2 *Muselières pour chameau*, en sparterie de Kerkna.

67-69. — 3 *Câbles pour marine*, en sparterie de Kerkna.

70-72. — 3 *Cordes* en sparterie de Kerkna.

73-74. — 2 *Paillassons*, en sparterie de l'Enfida.

75-76. — 2 *Filets pour emballer la paille*, en sparterie de Kerkna.

77-82. — 6 *Nattes pour soldats*, en sparterie de l'Enfida.

83. — 1 *Panier-charge double pour la cueillette des olives*, en sparterie de l'Enfida.

85. — 1 *Panier-charge double pour voyage*, en sparterie de l'Enfida.

86. — 1 *Panier-charge double pour légumes*, en sparterie de l'Enfida.

87, — 1 *Panier-charge double, type 8*, en sparterie de l'Enfida.

88-93. — 6 *Grands couffins*, en sparterie de l'Enfida.

94-99. — 6 *Couffins avec filet*, en sparterie de l'Enfida.

100-105. — 6 *Couffins pour terrassements*, en sparterie de l'Enfida.

106. — 1 *Grande natte* (Abadie), en sparterie de l'Enfida.

107. — 1 *Petite Natte* (Abadie), en sparterie de l'Enfida.

108. 1 *Natte moyenne*, en sparterie de l'Enfida.

109-114. — 6 *Grandes nattes.*

115-120. — 6 *Scourtins* (grands), à olives.

GROUPE II 10me CLASSE G

Exposé par la Commission

121-126. — 6 *Scourtins, moyens à olives,* en sparterie de l'Enfida.

127-132. — 6 *Scourtins petits à olives,* en sparterie de l'Enfida.

133-134. — 2 *Paillassons,* en sparterie de l'Enfida.

135 a-135 f. — 6 *Pièces; harnais complet de chameau attelé* à une Noria.

136-137. — 2 *Nattes* pour mettre sous les charges.

138-143. — 6 *Cordes* à puiser pour maraicher

144-149. — 6 *Cordes* à puiser pour citerne.

150-155. — 6 *Nattes de Nabel,* en sparterie de l'Enfida.

156-157. — 2 *Cordes* pour attacher les filets d'Emballage.

158-162. — 5 *Paquets filets gros,* de Kerkna.

163-164. — 2 *Paires de charges* pour âne.

165-166. — 2 *Bottes* de sparterie de sbitla, près Kairouan.

167-168. — 2 *Bottes* de sparterie verte du Kef.

169-170. — 2 *Bottes* de sparterie battue, du Fahs, au de!à de Zaghouan.

171-172. — 2 *Bottes* de sparterie fine courte de Djebel-el Oueste.

173-178 — 6 *Bottes* de sparterie folle de Kerkna

179-180 — 2 *Bottes* de sparterie de Kef Lezrek.

181. — 1 *Attache* pour entraver 10 chevaux (en poils de chèvre).

182. — 1 *Attache* pour 5 chevaux, (en poils de chèvre). •

183. — 1 *Attache* pour 4 chevaux, (en poils de chèvre).

184. — 1 *Attache* pour 3 chevaux, (en poils de chèvre).

185. — 1 *Attache* pour 2 chevaux, (en poils de chèvre).

186. — 1 *Attache* pour 1 cheval, (en poils de chèvre).

187. — 1 *Grand suron pour chameau*, (en poils de chèvre).

188. — 1 *Petit suron pour charrette* (en poils de chèvre).

189-190. — 2 *Petits surons riches* (en poils de chèvre).

191. — 1 *Gorde* (en poils de chèvre).

192. — 1 *Sac à avoine*, (en poils de chèvre).

193-194. — 2 *Sacs à avoine riches* pour cheval, (en poils de chèvre).

195. — 1 *Sac à avoine* pour âne, (en poils de chèvre).

196. — 1 *Sac à avoine* pour âne, (en poils de chèvre).

197. — 1 *Longe* (en poils de chèvre).

198. — 1 *Longe riche* (en poils de chèvre).

199. — 1 *Chekal* (pour attacher les 2 jambes latérales du cheval (en poils de chèvre).

200. — 1 *Chekal* riche (pour attacher latéralement les 2 jambes du cheval (en poils de chèvre).

201. — 1 *Licol* (en poils de chèvre).

202. — 1 *Licol riche* (en poils de chèvre).

203. — 1 *Grande sangle extérieure de selle* (en poils de chèvre).

204-206. — 3 *Gants à bouchonner* (en poils de chèvre).

207-208. — 2 *Petits liens de réserve* pour étable.

209. — 1 *Livre de poils de chèvre*, filés et battus.

210. — 1 *Livre de poils blancs*.

211. — 1 *Livre de poils de chèvre battus*.

212. — 1 *Grand collier pour chameau*.

213. — 1 *Grand collier riche pour chameau*.

214. — 1 *Petit collier pour chameau*.

215. — 1 *Petit collier riche pour chameau*.

216-217. — 2 *Kiad* (pour attacher les jambes de devant du cheval.

218-219. — 2 *Pièces étoffe en poils de chèvre*.

220-222. — 3 *Cordes minces*, en poils de chèvre.

223. — 1 *Appareil* à battre le poils de chèvre.

439. — 1 *Serrure* à deux tours, exécutée par ben Rabbah.

440. — 1 *Serrure* à trois tours, exécutée par ben Rabbah.

441. — 1 *Serrure* avec sonnerie exécutée par Sliman Metichi.

442. — 1 *Serrure* avec sonnerie, exécutée par le même.

443. — 1 *Serrure* avec sonnerie, pour coffret, exécutée par Amar Abaschir.

444. — 1 *Verrou pour porte*, par le même.

445. — 1 *Serrure avec couvercle*, exécutée par Hassen Mehrez.

446. — 1 *Serrure à 3 tours*, exécutée par le même.

447. — 1 *Serrure à 3 tours*, exécutée par Othman.

448-449. — 2 *Grandes Serrures pour portes*, exécutées par Othman Amroussi.

450. — 1 *Cadenas à tube*, exécuté par le même.

451. — 1 *Serrure à 2 tours*, exécutée par le même.

452. — 1 *Cadenas*, exécuté par Mohamed Sobali.

453. — 1 *Anneau à Serrure* pour entraver un cheval, exécuté par Mohamed Sobali.

454. — 1 *Verrou* de porte, exécuté par Mohamed Ouardian.

455. — 1 *Anneau* à Serrure pour entraver un âne, par le même.

456. — 1 *Cadenas*, exécuté par Mohamed Naouar.

457. — 1 *Serrure* pour coffret, par le même.

458. — 1 *Cadenas*, par le même.

459. — 1 d° à Serrure par le même.

460. — 1 *Serrure* de porte, par le même.

461. — 1 d° d° avec sonnerie, par le même.

462. — 1 *Cadenas* à secret, par le même.

463. — 1 *Serrure* pour porte de maison, par Mustapha Amrous.

464. — 1 *Serrure* pour malle, par le même.

465. — 1 *Serrure* avec verrou et accessoires, par le même.

466. — 1 *Serrure* à sonnerie, pour Coffre, exécutée par les fils Amroussé.

467. — 1 *Cadenas* à secret, la clef est dans le cadenas, par le même.

468. — 1 *Cadenas* à tube exécuté par Mahmoud.

469-470. — 2 *Cadenas* pour attacher les chevaux par le même.

484. — 1 *Lanterne* en cuivre jaune et verres de couleur.

485. — 1 *Lanterne* en fer blanc et verres de couleur.

486. 1 *Coffret* en acajoux garni de velours, Contenant.

487. — 1 *Flacon* Essence de Giroflée.

488. — 1 » » de Tafgha.

489. — 1 » » d'Eglantier.

490. — 1 » » de Narcisse.

491. — 1 » » de Jasmin.

492. — 1 » » de bois d'Aloès.

493. — 1 » » de Rose de Tunis.

494. — 1 » » de mille fleurs.

495. — 1 » » de Coing.

496. — 1 *Flacon* Essence de Cassie.

497. — 1 » » de pomme.

498. — 1 » » de bergamotte.

526. — 1 *Boîte* contenant des pastilles à bruler pour parfumer les appartements et le linge.

527-532. 6 *Boîtes* contenant des pastilles pour parfumer les Cigarettes.

533. — 1 *Boîte* contenant des pastilles coniques à brûler.

540. — 1 *Boîte* contenant des pastilles en ambre et musc.

541-542. — 2 *Fiasques* eau de Jasmin.

543-544. — 2 » » de rose de Tunis.

545-546. — 2 » » de bois d'Aloès.

547-548. — 2 » » de mille fleurs.

549-555. — 2 *Fiasques* eau de fleurs d'oranger.

551. — 1 *Fiasque* eau de cassis.

552. — 1 *Fiasque* eau de coing.

553. — 1 *Verre* de pommade de jasmin.

554. — 1 *Verre* de Chnouda, pommade à la Civette et au bois d'Aloès.

555. — 1 *Partie de Savonnettes*, marbrées parfumées.

556. — 1 *Petite partie* de savon de ménage.

557-558. — 2 *Grands Cierges* dont un en cire blanche et l'autre peint.

559-560. — 2 *Grandes Mains* en cire, dont une peinte.

561-563. — 3 *Paquets* de Cierges blancs.

564-567. — 4 *Paquets* de Cierges blancs.

568. — 1 *Paquet* de cierges blancs.

569. — 1 *Paquet* de cierges blancs.

570-571. — 2 *Paquets* de cierges jaunes.

572. — 1 *Bocal* contenant de la cire jaune en morceaux.

573. — 1 *Bocal* contenant de la cire blanche pour faire la pommade.

575. — 1 *Paquet* de coton filé.

Administration de Dar El Jeld

(Tannerie du Gouvernement Tunisien)

590-591. — 2 *Peaux* bœuf tannées (Coussala) rouges servant à la confection des chaussures arabes et des brides.

592-593. — 2 *Peaux* de bœuf tannées (Coussala naturel) servant aux mêmes usages que ci-dessus.

594-595. — 2 *Demi-peaux* de bœuf tannées, cylindrées fabriquées à l'huile et servant pour semelles de chaussures arabes.

596-597. — 2 *Peaux* de bœuf tannées (Snoubar) pour semelles de chaussures arabes.

598-599 — 2 *Peaux* de bœuf tannées (Arna) servant aux mêmes usages que ci-dessus.

600-603. — 4 *Demi-peaux* de bœuf blanches tannées servant à la confection des équipements militaires.

604-605. — 2 *Peaux* de bœuf avec poils, servant pour la confection des havre-sacs de troupe.

Exposé par la Commission

606-608. — *Mesk*, outres pour le transport de l'eau, exposées par Dar El Jeld.

Exposé par la Commission

609-611. — 3 *Dlou*, seaux en peau de mouton servant à abreuver les bestiaux, exposés par Dar El Jeld.

625-627. — 3 *Peaux* de chèvre, tannées (rouge turki), servant à la confection des babouches, exposées par Dar El Jeld.

628-630. — 3 *Peaux* de chèvre, tannées (couleur jaune soufre) pour babouches, préparées par Dar El Jeld.

631-633. — 3 *Peaux* de chèvre, tannées (couleur noire) pour babouches, par Dar El Jeld.

634-636. — 3 *Peaux* de chèvre, tannées (couleur rouge) pour la sellerie, exposées et préparées par Dar El Jeld.

637-638. — 2 *Peaux* de chèvre, tannées (couleur prune) pour la sellerie, exposées et préparées par Dar El Jeld.

639-640. — 2 *Peaux* de mouton, tannées (couleur jaune) pour babouches, exposées et préparées par Dar El Jeld.

641-642. — 2 *Peaux* de mouton, tannées naturelles, pour babouches, exposées et préparées par Dar El Jeld.

721-722. — 2 *Colliers* en cuivre pour mulet.

723. — 1 d° d° pour âne.

730-736. — 4 *Ceintures* en soie or fin, boucle argent, par Is. Adda.

734. — 1 *Bride* de cheval en soie et or fin, par le même.

735. — 1 *Pièce* de 4 m. galon en soie verte et argent fin, par le même.

736. — 1 *Pièce* de 4 mètres, galon en soie rose, violette et or fin, par Isaac Adda.

737. — 1 *Pièce* de 4 mètre, galon en soie rouge, liseret vert et or fin, par le dit.

738. — 1 *Pièce* de 4 mètres, galon en soie rose, magenta, blanc et or fin, par le même.

739. — 6 *Pièces* de 4 mètres, galon en soie façonnée, par le dit.

740. — 1 *Pièce* de 2 mètres, galon large, or fin servant à faire les ceintures d'officiers, par le dit.—

741. — 1 *Pièce* de 2 mètres galons étroits or fin servant à faire les ceintures d'officiers, par le dit.

742. — 1 *Pièce* de 2 mètres galon en or fin, par le même.

743. — 1 *Pièce* de 2 mètres galon en or fin, façon de Constantinople, par le dit.

744. — 1 *Pièce* de 2 mètres galons en argent fin, par le même.

745. — 1 *Pièce* de 2 mètres galon or et argent fin par le même.

746. — 2 *Pièces* de 12 mètres galon en or et en argent, par le même.

747. — 4 *Pièces* de 6 mètres cordon en soie et or fin, par le même.

748. — 1 *Pièce* de 6 mètres cordon en or fin par le même.

749. — 1 *Pièce* de 6 mètres cordon en argent fin, par le même.

750. — 1 *Garniture* brandebourgs en or fin par le même.

751. — 1 *Pièce* de 4 mètres galon argent fin pour Képi d'officier par le même.

752. — 1 *Pièce* de 4 mètres galon mince or fin pour Képi d'officier par le même.

753. — 1 *Pièce* de 20 mètres cordonnet en soie blanche par le même.

754. — 1 *Pièce* de 20 mètres cordonnet en soie noire, par le même.

755. — 1 *Pièce* de 16 mètres cordonnet en soie lie de vin, par le même.

756. — 1 *Pièce* de 20 mètres cordonnet en soie verte et violette, par le même.

757. — 1 *Pièce* de 23 mètres cordonnet en soie grenat par le même.

758. — 1 *Pièce* de 21 mètres cordonnet en soie grenat foncé, par le même.

759. — 1 *Cordon* attache pantalon en soie jaune et glands en paillettes et argent fin, par le même.

760. — 1 *Cordon*, attache de pantalon, en soie rose à glands avec paillettes et or fin par Isaac Adda.

761. — 1 *Pièce* de 2 m. frange en cantilles, paillettes et argent fin par le même.

762. — 1 *Pièce* de 2 m. frange paillettes et or fin par le même.

763. — 1 *Pièce* de 2 m. frange en soie verte, paillettes or et argent fin par le dit.

764. — 1 *Pièce* de 2 m. frange en soie jaune et noire et en argent fin par le même.

765. — 1 *Pièce* de 2 m. frange en argent fin par le même.

766.— 1 *Pièce* de 2 m. frange en soie violette et or fin par le dit.

786. — 1 *Partie* de 12 paires fers à cheval avec leurs clous objets exécutés par Moh. ben Zacour.

848-855. — 8 *Burnous* d'étoffe légère, garnis de soie.

856-859. — 4 *Burnous* d'étoffe légère, non garnis.

860-864. — 5 *Burnous* d'étoffe légère laine et soie, garnis de soie, pour femme.

865-866. — 2 *Sefsaris* (Châles dont s'enveloppent les femmes et les hommes).

867-868. — 2 *Sefsaris*, 2me qualité.

869-870. — 2 *Sefsaris*, 3me qualité.

871. — 1 *Gandoura* en soie garnie de soie.

872-874. — 3 » » » de couleur.

875-880. — 6 *Châles* en soie de couleur.

881. — 1 *Coupe* d'étoffe en laine et soie.

882-883. — 2 » en soie de couleur.

884-889. — 6 *Echarpes* de couleur, étoffe en soie et coton.

890-893. 4 *Echarpes* de couleur, étoffe en soie (taffetas.

894-908. — 15 *Foulards* en soie et or.

909-921. — 13 » » qualité courante.

922. — 1 *Foutha*, serviette pour se faire la barbe.

923-926. — 4 *Couvre-pieds* en soie et coton.

927-934. — 8 *Châles* de couleur en soie et laine et soie et coton.

935-940. — 6 *Echarpes* en soie et or.

941-944. — 4 *Coupes*, étoffe en soie et or.

945. — 1 *Foutha*, serviette pour se faire la barbe, étoffe en soie et or.

946-948. — 3 *Foutha*, serviettes de femme pour aller au bain, étoffe en soie et or.

949.-952. — 4 *Foutha* comme les précédentes.

953 — 1 *Couvre-pieds* en soie et or.

954-955. — 2 *Châles* en soie et or.

956-958. — 3   d°   d°

959-961. — 3   d°   d°

962. — 1   d°   d°

963-964. — 2 *Foutha*, serviettes de femme, pour le bain.

965-966. — 2 *Foutha*, serviettes de femme, pour le bain.

967-968. — 2 *Ceintures* en soie, pour femme et enfant.

969-980. — 12 *Cravates* pour femme, étoffe en soie et or avec franges à paillettes.

981-982. — 2 *Ceintures*, serviettes pour homme, étoffe en soie et laine.

983-989. — 7 *Ceintures*, serviettes pour homme, en soie.

990-997. — 8 *Ceintures*, serviettes pour femme, soie et or.

998-1000. — 3 *Azar* (écharpes en soie) pour femme.

1001-1006. — 6 *Echarpes* en soie et coton, pour femme.

1007-1010. — 4 *Mouchoirs* en soie servant de coiffure aux femmes du sud.

1011-1012. — 2 *Ceintures* écharpes pour enfant.

1013. — 1 *Pièce en soie* pour rideau de lit.

1014-1015. — 2 *Coupons d'étoffe* en soie et or.

1016-1018. — 3 *Aâzar*, écharpes en soie et or pour femme.

1019. — 1 *Sefsari*, tissu soie, laine et or, (châle dont s'enveloppent les femmes.

1020-1031. — 12 *Foulards* en soie pour coiffure de femme.

1032-1043. — 12 *Foulards* en soie unie pour coiffure de femme.

1044. — 1 *Châle* en soie et or, (en 4 pièces).

1045-1046. — 2 *Tentures*, en soie.

1047-1050. — 4 *Sefsari*, en soie de couleur, pour femme de campagne.

1051-1054. — 4 *Couvre-pieds* en soie et coton.

1055. — 1 *Couvre-pieds* en soie et laine.

1056. — 1 *Sefsari* (grand châle).

1057-1058. — 2 *Rideaux de lit* en soie et or.

1059-1062. — 4   d°   en soie.

1063-1064. — 2 *Coupons d'étoffe* en soie et or.

1065-1066. — 2 *Aâzar* (écharpes en soie) pour femme.

1067. — 1 *Aâzar* (écharpe en soie) pour femme.

1068-1071. — 4 *Pièces ou coupons* en soie pour costumes d'homme.

1072. — 1 *Foutha*, serviette de coiffeur, en soie.

1073. — 1 *Coupon d'étoffe* en laine et soie pour moustiquaire.

1074. — 1 *Adzar* moyen, en soie et or.

1075-1077. — 3 *Écharpes*, avec franges soie et or.

1078-1079. — 2 *Ceintures-écharpes* en soie, genre algérien.

1080-1081. — 2 *Foutha*, serviettes de bain en soie et coton.

1082. — 1 *Turban* en soie rouge et liseret de coton.

1083-1085. — 3 *Turbans* en soie et coton.

1086-1087. — 2 *Echarpes* en soie et coton.

1088-1091. — 4 *Echarpes* en crêpe de soie.

1092. — 1 *Coupon* de crêpe de soie, avec aprêt.

1093-1096. — 4 *Echarpes* en crêpe de soie.

1097-1102. — 6 *Foutha* en coton pour bain.

1103-1108. — 6 *Foutha* en coton pour bain.

1109-1114. — 6 *Turbans* en coton pour nègres.

1115-1118. — 4 *Echarpes* en coton pour arabes.

1119-1120. — 2 *Pièces d'étoffe* en coton, pour chemises d'homme.

1121-1126. 6 *Meliat* (grandes foutha) dont s'enveloppent les bédouins.

1151-1152 — 2 *Burnous riches*.

1153. — 1 *Ceinture-écharpe* en soie et or pour homme.

1154. — 1 *Couvre-pieds* en soie et coton.

1155. — 1 *Couvre-pieds* en soie et coton.

1156.-1157. — 2 *Châles* en soie couleur et or.

1158-1159. — 2 *Coupons d'étoffe* en soie et or.

1160. — 1   d°   d°

1161. — 1 *Châle* en soie et or.

1162-1164. — 3 *Foulards* pour coiffure, en soie et or.

1165. — 1 *Adzar nouveauté.*

1166. — 1 *Ceinture-écharpe*, en soie et or.

1167-1168. — 2 *Ceintures-écharpes*, en soie et or.

1169. — 1 *Sefsari* (grand châle) en soie de couleur.

1170. — 1 *Rideau de lit* en brocart.

1171. — 1 *Couvre lit* en brocart.

1172-1176. — 5 *Rideaux* pour portes et fenêtres, en soie et or.

1177-1181. — 5 *Petits taies d'oreiller* en soie et or.

1182-1191 -- 10 *Taies* de coussins en étoffe lamée.

1192. — 1 *Taie* de traversin en velours.

1193-1194 — 2 *Taies* de traversins en brocart.

1195-1199. — 5 *Pièces piquées*, en brocart et or fin, pour couvrir les sofas.

1200. — 1 *Echarpe* brodée d'argent.

1201. — 1 *Testemal* (pièce carrée brodée d'argent).

1202-1213. — 12 *Foulards* rouge en soie pour coiffure de femme.

1214. — 1 *Coupon d'étoffe* en soie rouge.

1215-1217. — 3 *Fiasques* eau de jasmin de Sfax.

1218-1220. — 3 *Fiasques* eau de rose de Sfax.

1221. — 6 *Serviettes de toilette* en coton et soie.

1222. — 6 *Serviettes de toilette.*

1223. — 6 *Serviettes* de 4 pics.

1224. — 6 *Serviettes* de 3/2 pics nouveauté.

1225. — 6   d°   bou roh

1226. — 6   d°   moyennes.

1227. — 10   d°   pour coiffeurs.

1228-1233. — 6 *Foutha* de Kast-Ahlal.

1234-1239. — 6   d°   jaune verdâtre.

1240-1245. — 6   d°   rouges et bleues pour bedouines.

1246-1251. — 6 *Foutha Zouija* de Djerba.

1252-1253. — 2 *Rideaux ou grands châles*, pour bedouines de Tripoli de barbarie.

1254-1259. — 6 *Foutha* pour cultivateurs.

1260. — 1 *Verrou de porte avec serrure*, fait à Sfax.

1261. — 1 *Verrou de porte avec serrure*, fait à Sfax.

1262. — 1 *Cadenas à tube*, fait à Sfax.

1263. — 1   d°   d°

1264. — 1 *Cadenas*, genre turc, avec cercle, fait à Sfax.

1265. — 1 *Cadenas*, genre arabe, fait à Sfax.

1266-1268. — 3 *Mors étamés*, faits à Sfax.

1288. — 12 *Cordes*, en sparterie de Sfax.

1289. — 50 *Fils filets*, en sparterie de Sfax.

1380. — 6 *Flacons*, essence de rose.

1381. — 9   d°   d°

1382. — 12   d°   d°

1383-1384. — 2 *Paquets*, contenant chacun 6 petits flacons essence de rose.

1425. — 1 *Vase en verre*, plein du miel de Zaâ-thar.

1426. — 1 *Grande couverture* en laine et soie de Touzar.

1427. — 1 *Couverture de lit*, plus petite, pareille.

1428-1429. — 2 *Couvertures* en laine de Djerba.

1430-1431. — 2 *Couvertures* en laine de Tunis.

1432. — 1 *Paquet* contenant 19 onces laine filée pour la chaine des couvertures.

1433. — 1 *Paquet* contenant 8 onces laine filée pour la trame de couverture.

1434. — 1 *Grande couverture* en laine et soie de Djerba.

1435-1436. — 2 *Couvertures de lit*, en laine de Djerba.

1437-1438. — 2 *Couvertures de lit*, en laine de Tunis.

1439-1440. — 2 *Couvertures de lit* en laine de Tunis.

1441. — 1 *Couverture de lit*, en laine de Tunis.

1442. — 1 dº dº

1443-1444. — 2 *Couvertures de lit* en laine de Gafsa.

1445-1446. — 2 *Couvertures de lit* en laine de Gafsa.

1447-1448. — 2 *Couvertures de lit* en laine de Gafsa.

1449. — 1 *Tapis en laine* de Kairouan.

1450. — 1 dº dº

1451-1452. — 2 *Horma* de Djerba pour homme.

1453. — 1 *Ozra*, couverture de jours pour homme, couleur prune.

1454-1455. — 2 *Horma* de Djerba pour homme.

1456-1457. — 2 *Horma* de Tunis, pour homme.

1458-1459. — 2 *Horma* de Nabel pour homme

1460. — 1 *Pièce d'étoffe* en laine de Djerba.

1461-1462. — 2 *Petites couvertures* en laine de Djerba.

1463-1464. — 2 *Horma* de Djerba en laine et coton.

1465-1466. — 2 *Horma* de Djerba en laine et coton.

1496. — 1 *Tapis* de Kairouan.

1497. — 1   d°   d°

1498. — 1   d°   d°

1574-1585. — 12 *Tapis* de Kairouan.

1586. — 1   d°   d°

1591-1592. — 2 *Petites couvertures* en laine de Djerba.

1723-1729. — 7 *Vases à fleurs,* en poterie émaillée de Nabel.

1730-1733. — 4 *Bols.*

1734-1736. — 3 *Vases de chambre,* en faïence émaillée.

1737-1742. — 6 *Passoires* en faïence émaillée.

1743-1745.—3 *Brules-parfums* en faïence émaillée.

1746-1747. — 2 *Douagues,* grands bols en faïence émaillée.

1748-1750. — 3 *Hallab,* bols à eau.

1751-1752. — 2 *Vases* à eau ou à lait.

1753-1754. — 2 *Grands plats* creux.

1755-1758. — 4   d°   d°

1759-1780. — 22   d°   d°

1781-1786. — 6 *Assiettes* creuses.
1787-1806. —20 d° d°
1807-1808. — 2 *Plats* creux.

Poterie non émaillée de Nabel.

1809-1810. — 2 *Grandes amphores*.
1811-1812. — 2 *Amphores* moyennes.
1813-1814. — 2 *Petites amphores*.
1815-1816. — 2 *Grands boukal*, gargoulettes à eau.
1817-1818. — 2 *Grands boukal*, gargoulettes à eau.
1819-1828. — 10 *Grands boukal*, à eau de diverses formes.
1829-1830. — 2 *Grandes passoires* à kouscoussou.
1831-1832. — 2 *Passoires moyennes*.
1833-1834. — 2 *Petites passoires*.
1835-1836. — 2 *Pots à eau*.
1837-1848. — 12 *Tasses* ou bols à eau.
1849-1860. — 12 *Bols à eau*.
1861-1872. — 12 d° petit.

Broderie, Sellerie et Harnachement exécuté par Aly-el-Fayach.

1873. — 1 *Selle complète*, en velours brodé or fin avec plaque en argent massif.
1874. — 1 *Selle complète* en velours brodé argent fin.
1875. — 1 *Selle complète*, en velours brodé or fin.

1876. — 1 *Selle complète*, en cuir blanc brodé de soie.

1877. — 1 *Selle complète*, en maroquin avec housse en drap.

1878. — 1 *Selle complète*, en maroquin simple.

1879. — 1 *Selle complète* pour mulet, en velours avec tapis brodé or fin.

1880. — 1 *Selle complète* pour mulet en velours et soie blanche.

1881. — 1 *Selle complète* pour mulet en velours bleu, brodé en or mi-fin.

1882. — 1 *Selle complète* pour mulet en maroquin simple.

1883-1884. — 2 *Petites selles* pour ânes.

1885. — 1 *Coussin* en velours vert brodé d'or fin.

1886. — 1 *Coussin* en velours rouge brodé or et argent fins.

1887. — 1 *Coussin* en velours bleu brodé d'argent fin.

1888. — 1 *Coussin* en maroquin brodé de soie.

1889. — 1 *Ceinture* porte cartouches, en argent massif,

1890. — 1 *Ceinture* brodée or fin.

1891. — 1   d°   argent fin.

1892. — 1   d°   argent mi-fin.

1893. — 1 *Besace* en maroquin brodé or fin.

1894. — 1 *Besace* en maroquin et soie à l'intérieur.

1895-1896. — 2 *Grandes bandes* en velours brodé or fin.

1897-1898. — 2 *Grandes bandes* en velours brodé or fin.

1899. — 1 *Etui en velours*, pour une paire de pistolets.

1900. — 1 *Paire de mules vertes*, brodées or fin.

1901. — 1 » » *bleues*, » »

1902-1905. — 4 *Paires de mules*, brodées or fin.

1906-1907. — 2 » *de bottines*, brodées or fin.

1908. — 1 *Paire de pantoufles*, brodées à Rosettes, (Kéhïa).

1909. — 1 *Paire de pantoufles*, brodées or fin, (Kéïa).

1910. — 1 *Paire de pantoufles*, brodées de soie, (Kéïa).

1911-1912. — 2 *Paires de Kabkab*, brodés or fin.

1913-1916. — 4 *Paires de Kabkab*, brodés or fin.

1917-1920. — 4 *Paires de Kabkab*, brodés or fin.

1921-1922. — 2 *Paires de Kabkab*, brodés or fin.

1923. — 1 *Paire de chaussure*, brodée or fin.

1924. — 1 » » » »

1925. — 1 » » (Contra) brodée or fin.

1926. — 1 *Paire de bottes*, en maroquin, brodée argent fin.

1927. — 1 *Paire de bottes*, en maroquin brodé or fin sur soie.

1928. — 1 *Paire de bottes*, en maroquin brodé.

— **141** —

1929. — 1 *Gourde,* en cuir de Russie, brodé or fin.

1930. — 1 *Gourde,* en cuir de Russie, brodé argent fin.

1931. — 1 *Besace double,* en cuir de Russie, brodé argent.

1932. — 1 *Arçon nu,* pour selle arabe.

1933. — 1 *Arçon couvert de peau,* pour selle arabe.

1934-1935. — 2 *Paires de babouches en velours,* brodé d'argent fin.

1936. — 1 *Paire d'éperons incrustés,* monture brodée or fin.

1937. — 1 *Paire d'éperons incrustés,* monture brodée de soie.

1938. — 1 *Corne à poudre,* brodée or et argent fin.

1939. — 1 *Corne à poudre,* brodée or et argent fin.

1940. — 1 *Corne à poudre,* brodée.

1941-1942. — 2 *Ceintures,* pour cavalier.

1943. — 1 *Paire d'étriers,* dorés à l'extérieur et argentés à l'intérieur.

1944. — 1 *Paire d'étriers,* incrustés des deux côtés,

1945. — 1 *Paire d'étriers* Dernaoui incrustés.

1946. — 1 *Paire d'étriers* incrustés d'un seul côté.

1947. — 1 *Paire d'étriers* de Kairouan.

1948. — 1 *Paire d'étriers* pour selle de mulet, incrustés des deux côtés.

1949. — 1 *Bourse à tabac,* brodée or fin.

1950. — 1 *Etui de peigne*, brodé or fin et un peigne en écaille.

1951. — 1 *Selle complète*, pour cultivateur.

1952. — 1 *Bât et Houia* (selle de chameau).

1953-1954. — 2 *Porte monnaie* en cuir de Russie brodé mi-fin.

1955-1958. — 4 *Porte monnaie* en cuir brodés or fin.

1959-1964. 6 *Porte monnaie* brodés.

1965-1967. — 3 *Sacs* pour bédouines.

1968. — 1 *Besace*.

1969. — 1 *Besace* pour ânier.

1970. — 1   d°   d°   moyen.

1971. — 1   d°   petit.

1972. — 6 *Tapis en feutre* non teints.

1973. — 1 *Chapeau*, ombrelle en paille garniture soie.

1974. — 1 *Paquet* renfermant six peaux d'agneaux de Nabel pour dessin.

1977. — 1 *Paquet* renfermant des fils d'or, d'argent, paillettes et cantilles en or et argent fins soit 4 onces.

1978. — 1 *Etui* pour une paire de pistolets.

1979. — 1 *Etui* pour un seul pistolet.

1980-1981. — 2 *Porte Kohl* pour bédouines.

1982-1984. — 3 *Bonnets rouges* pour enfants, brodés or fin.

1985. — 1 *Tahlèl*, sac avec bandoulière.

1986-1988. — 3 *Gratte dos* en noyer.

1989-1990. — 2 *Porte Kohl*, en os et corne.

1991. — 1 *Douzaine de bracelets*, en corne.

1992-1995. — 4 *Bouquins à cigarettes*.

1996. — 1 *Bobine à soie.*

1997. — 1 *Paquet* contenant 7 éventails manche os et noyer.

1998-1999. — 2 *Paquets* contenant 12 éventails manches en noyer.

2000-2001. — 2 *Paquets* contenant 12 éventails manches en os.

2003. — 1 *Ahram* en laine et soie teintes, à Kholla

2004. — 1 *Ahram* en laine et soie teintes à 2 couleurs à Kholla.

2005. — 1 *Ahram* en laine et soie teintes bleues à Kholla.

2007-2008. — 2 *Paires* de Cardes à laine.

2018. — 1 *Tapis* de 4 1/2 sur 2 1/2 pics, en laine de Kairouan.

2019. — 1 *Tapis* de 5 1/4 sur 2 1/2 pics, en laine de Kairouan.

2020. — 1 *Tapis* de 3 1/2 sur 2 pics, en laine de Kairouan.

2021. — 1 *Tapis* de 2 1/2 sur 1 3/4 pics, en laine de Kairouan.

2022. — 1 *Clim*, tapis de 5 sur 3 pics en laine de Kairouan.

2023. — 1 *Clim*, tapis de 3 1/4 sur 1 3/4.

2030. — 1 *Pot à eau* et cuvette en cuivre.

2031. — 1   »   »   »

2032. — 1 *Casserole* et une boîte à terre savonneuses en cuivre, pour bain.

2033. — 1 *Casserolle et 1 boîte à terre savonneuse*, en cuivre, pour bain.

Exposé par la Société Franco-Africaine.

2185-2187. — 3 *Nattes de Takrouna.*

Ces nattes sont faites en alfa du pays, au métier avec de la tresse de laine. — Les indigènes s'en servent pour s'y coucher et pendant la journée pour siége. — En général elles sont plus petites, leur prix varie de 3 francs à 30 francs.

2188-2189. — 2 *Pots de miel de Battaria.*

Ce miel est récolté dans des ruches en bois que les indigènes déposent le long des rochers, ce miel est des plus estimés par sa blancheur et son parfum.— Il est mis dans des poteries grossières qu'on fabrique sur le littoral, dont le prix est de 25 centimes le pot. Le miel coûte 2 f. 50 à 3 fr.

2202-2205. — 4 *Bouteilles huile de Lentisque.*

Cette huile est fabriquée par les indigènes avec le petit fruit du lentisque, elle est employée comme médicament pour les douleurs rhumathismales. Ils s'en oignent la tête car ils prétendent qu'elle fait croitre la chevelure; — son prix est de 75 c. le litre. Elle renferme beaucoup de térébenthine.

2206. — 1 *Pain de cire de miel de Djeradou.*

Les indigènes obtiennent par la culture du miel considérablement de cire, mais elle est mal soignée et en général jaune, son prix est d'environ 2 piastres le kilog (1 fr. 20).

2207-2209. — 3 *Echantillons d'alfa.*

Proviennent de Zériba, Souafa et Mornissin. — Les deux premières qualités servent principalement à faire des ouvrages de sparterie. — La dernière est vendue à Sousse pour l'exportation; sa finesse est très-appréciée par les fabricants de papier.

2210. — *L'Echantillon d'alfa travaillé* représente les bandes d'alfa que les indigènes fabriquent avec les mains. — Avec ces bandes on fait des paniers, des couvertures pour les chameaux, des couffins à presser les huiles (Scourtins), et une infinité d'autres objets, le prix est de 10 c. le mètre.

2212-2214. — 3 *Turbans en poils de chameau.*

Ces turbans sont fabriqués dans les tentes par les femmes indigènes; ils sont généralement lavés avec du henné qui lui donne une couleur faussement rougeâtre.

2217. — 1 *Ahram.*

Les indigènes ont l'habitude de s'envelopper dans ce long vêtement qui est fabriqué par les femmes et coûte 15 francs.

2218 — 1 *Huick*, qui est aussi fabriqué par les femmes, le prix est de 7 fr, 50 c.

Exposé par la Commission

2246. — 1 *Couverture* en laine de Gafsa, soit une garniture d'un lit.

2247. — 1 *Couverture petite* en laine de Gafsa, soit une garniture d'un lit.

2275. — 1 *Tapis de Kairouan.*

2300-2301. — 2 *Carafes d'huile mangeable* de Sfax.

2302-2303. — 2 d° d° à fabrique de Sfax.

2357. — 1 *Bouteille huile d'olive* mangeable Aàroussi.

2358. — 1 *Bouteille huile d'olive* mangeable du Djebel Lahmar.

2359. — 1 *Bouteille huile d'olive mangeable* de Socra.

2360. — 1   d°   d°   d°   d°   de Mornag.

2361. — 1   d°   d°   d°   d°   de la Marsa.

2362. — 1   d°   d°   d°   d°   de Sacria.

2363. — 1 *Bocal* contenant 1/2 livre laine à bonnets, d'Australie.

2364. — 1 *Bocal* contenant 1/4 livre laine cardée et huilée pour bonnets.

2365. — 6 *Bonnets* rouges « Ourtha ».

2366. — 6   d°   d°   « Calabous ».

2367. — 6   d°   d°   « Ardaoui ».

2368. — 6   d°   d°   « Sâkès ».

2369. — 6   d°   d°   « Aschcoudra ».

2370. — 6   d°   d°   à Turbans, sans flots

2371. — 1   d°   tricoté non lavé.

2372. — 1   d°   d° lavé.

2373. — 1   d°   d°   d° terminé non teint.

2374. — 1 *Flacon* renfermant 2 Metkal 1/4 essence de Jasmin de Sfax.

2375. — Outils pour la fabrication des bonnets rouges.

2378. — 1 *Hauli* en soie et laine.

2379-2380. — 2 *Hauli* en soie et laine.

2381 2383. — 3   d°   »   »

2384-2385. — 2   d°   »   »

2386. — 1 *Hauli* en soie et laine.

2387. — 1   d°   »   »

2388. — 1   d° en laine et soie.

2389. — 1   d°   »   »

2390. — 1   d°   »   »

2391. — 1   d°   »   »

2392-2393. — 2 *Burnous* en laine sans garnitures.

2394-2395. — 2 *Burnous* en laine sans garnitures.

2396. — 1 *Burnous* en laine sans garniture.

2397. — 1   d°   »   »

2398. — 1   d°   »   »

2399. — 1 *Pièce* étoffe en soie et laine pour gandoura.

2400-2404. — 5 *Pièces* étoffe en soie et laine pour gandoura.

Groupe II 10ᵐᵉ Classe H

Exposé par la Commission

724. — 1 *Boîte* contenant une balance et 7 poids. en cuivre faite par Haïm Bellaïch.

725. — 1 *Boîte* contenant une balance pour peser l'argent et 8 poids en cuivre, par le même.

790-791. — 2 *Bâts* pour chameaux.

1394. — 1 *Mesure* en bois pour les céréales, (Ouiba).

1395. — 1   d°   d°   d°
(1/2) Ouiba.

1396. — 1   d°   d°   d°
(Saâ).

Exposé par la Commission

1397. — 1 *Mesure* en bois pour les céréales (1/2 Saâ).

1411 — 1 *Saâ*, mesure pour la vente de l'huile au détail.

1412. — 1 *1/2 Saâ* dº   dº   dº au détail.

1413. — 1 *1/4 de Saâ* mesure pour la vente du lait.

1414. — 1 *1/8* dº   dº   dº lait.

1419. — 1 *Mesure* pour la vente du petit lait.

1643. — 1 *Saâ*, mesure pour l'huile.

GROUPE II 11ᵐᵉ CLASSE A

Exposé par la Commission

806-809. — 4 *Panneaux* en plâtre fouillé à jour et verres de couleur, exécutés par Moustapha ben Mohamed.

810-811. — 2 *Panneaux* en plâtre fouillé (Mekarbès par le dit.

812-813. — 2 *Panneaux* en plâtre fouillé (Rekhoui) par le dit.

814. — 1 *Frise encadrée*, en plâtre fouillée par le dit.

815. — 1 *Cul de lampe*, en plâtre fouillé par le dit.

Outils pour fouiller le plâtre

816. — 1 *Plane* en acier, manche en bois dur.

817. — 1 *Racloir*   »   »   »

818. — 1 *Couteau*   »   »   »

Exposé par la Commission

819. — 1 *Couteau* en acier, manche en bois dur
820. — 9 *Ciseaux*   »   »   »
1593-1604. — 12 *Panneaux* en faïence émaillée de Kalaline, exécutés par Aly ben Khmis.
2307-2318. — 12 *Pierres gravées*, exécutées
par Israël Rosen Tuil.
2319. — 1 *Pierre gravée*, exécutée par Israël
Rosen Tuil.

GROUPE II. 11ᵐᵉ CLASSE B.

Exposé par la Commission.

728. — 1 *Tar*, Tambour de basque en bois et
peau de mouton.
1410. — 1 *Darboucat*, instrument de musique.
1420. — 1 *Oud*, instrument de musique.
1421. — 1 *Rebab*, violon arabe.
1422. — 1 *Bendir*.
1423. — 1 *Zocra*.
1424. — 1 *Tambour*.
1425. — 1 *Ghembri*.

GROUPE II. 11ᵐᵉ CLASSE E.

Exposé par Hadj Ahssen Lazoughli.

2376. — 1 *Paquet*, renfermant 100 Annuaires
tunisiens.

GROUPE II 12ᵐᵉ CLASSE.

Exposé par la Commission

2078. — 1 *Photographie encadrée*, la Mosquée
à Haumt Souk, (Djerba).

Exposé par la Commission

2086, — 1 *Photographie encadrée,* la Mosquée du barbier à Kairouan.

2101 — 1 *Photographie encadrée,* vue de la Mosquée des 7 Dômes à Kairouan.

2125. — 1 *Photographie encadrée,* intérieur de la grande Mosquée à Kairouan.

Groupe II 13me Classe A

Exposé par la Commission

2120. — 1 *Photographie encadrée,* les fils de S. A. le Bey de Tunis.

2121. — 1 *Photographie encadrée,* arrivée du Bey à la Goulette.

2142. — 1 *Photographie encadrée,* instantané pris après le passage du Bey.

Groupe II 13me Classe B.

Exposé par Bakar ben Hadj Klifa

1. — 1 *Fusil,* canon incrusté argent batterie incrustée cuivre, douilles en zinc, baguette bois.

2. — 1 *Fusil,* canon ancien incrusté argent, batterie moderne, crosse bois sculpté avec incrustations nacre et corail, 7 douille argent, baguette en bois.

3. — 1 *Fusil,* canon ancien incrusté argent, batterie ancienne, crosse bois incrustée nacre et corail, 8 douilles fil de fer, 2 douilles fil de fer et fil de cuivre.

4-5. — 2 *Tromblons,* canons anciens incrustés argent, batteries modernes de Sfax, crosse bois noir avec petits clous en cuivre.

6. — 1 *Pistolet*, canon fer, crosse bois noir sculpté, poignée en cuivre avec une plaque d'argent incrusté.

7. — 1 *Pistolet* comme le précédent.

8. — 1 d° canon en fer, crosse en noyer de Tunisie, poignée cuivre sculpté, incrustations nacre sur la crosse.

9-10. — 2 *Poignards* de Bizerte.

11-12. — 2 *Yatagans* grand modèle, fourreaux cuivre gravé, poignée bois noir, incrustations cuivre et corail.

13. — 1 *Yatagan* grand modèle, fourreau argent ciselé et cuir noir, poignée corne, lame demi Damas, avec une inscription arabe.

نصر من الله وفتح قريب

14. — 1 *Fusil*, canon incrusté argent, batterie marocaine fer, douilles cuivre, baguette bois d'olivier, crosse noyer de Tunisie avec des clous en cuivre.

15. — 1 *Fusil* Khroumir, canon fer, batterie fer incrusté de cuivre, baguette bois, crosse noyer et clous en cuivre.

16. — 1 *Fusil*, canon incrusté argent, batterie Espagnole fer, douilles en fil de cuivre, baguette bois, crosse incrustée nacre et corail.

17. — 1 *Fusil* tripolitain, canon incrusté argent, batterie fer et cuivre, douilles en fil de fer, crosse noyer de Tunisie incrusté d'os et de cire rouge.

18. — 1 *Tromblon*, canon incrusté argent, batterie fer ciselé, crosse noyer incrusté de cuivre.

19-20. — 2 *Yatagans* de Bizerte, fourreaux cuivre gravé, poignées corne incrustée cuivre et corail.

21-22. — 2 *Epées* de Bizerte, fourreaux cuivre ciselé, poignées corne incrustée cuivre et corail.

23-24. — 2 *Poignards* de Bizerte, fourreaux cuivre ciselé, poignées os incrusté cuivre et corail.

25-26. — 2 *Sabres* arabes, fourreaux cuivre ciselé, poignées corne noire, doigts en cuivre.

Exposé par la Commission

709. — 1 *Fusil*, canon incrusté argent, batteries en cuivre ciselé, douilles en fil de fer et fil de cuivre, crosse en noyer et bois jaune incrustés de nacre, cuivre, corail et petits clous en cuivre, baguette en bois noirci exécuté par Hadj Mohamed el Ayachi.

710. — 1 *Fusil*, canon incrusté argent, batterie en fer et cuivre doré, douilles en fil de fer et fil de cuivre, crosse en noyer incrusté de nacre, os, corail et cuivre, baguette en bois d'olivier noirci.

711. — 1 *Fusil*, canon incrusté argent, batterie incrustée de cuivre ciselé, douilles en fil de fer et fil de cuivre, crosse en noyer incrustée d'os, nacre, corail et cuivre, baguette en bois d'olivier, exécuté par Hadj Mohamed el Ayachi.

712. — 1 *Grand tromblon*, canon incrusté argent, batterie ciselée, crosse en noyer avec petits clous et filets en cuivre, baguette en bois d'olivier, par le même.

713. — 1 *Petit tromblon*, canon incrusté argent, batterie en fer et cuivre ciselés, crosse en

noyer avec petits clous et filets en cuivre, baguette en bois noirci, fait par le même.

714. — 1 *Tromblon*, canon incrusté argent, batterie ancienne, crosse en noyer avec petits clous et filets en cuivre, baguette en bois d'olivier noirci, par le même.

715. — 1 *Pistolet*, canon incrusté argent, batterie fer et cuivre ciselés, douilles en fil de cuivre, crosse en noyer incrusté de cuivre, corail et nacre, baguette en bois d'olivier, fait par le même.

716. — 1 *Pistolet*, canon incrusté argent, batterie en fer, douilles en fil de cuivre et fil de fer, crosse en noyer incrusté de cuivre, nacre et corail, baguette en bois d'olivier, par le même.

717. — 1 *Pistolet*, canon en fer, batterie en fer et cuivre, douilles en fil de fer et fil de cuivre, crosse en noyer incrusté de cuivre, baguette en bois d'olivier, fait par le même.

718. — 1 *Pistolet*, comme le précédent.

1473-1474. — 2 *Tromblons*, canons incrustés argent, fait par Hadj Mohamed El Ayachi.

1475-1476. — 2 *Tromblons*, canons incrustés argent, batteries en fer ciselé.

1477. — 1 *Fusil*, canon incrusté argent, batterie de Bizerte.

1478. — 1 *Fusil*, canon incrusté argent, batterie en fer ciselé.

1479. — 1 *Fusil*, canon fer, douilles en fil de fer, batterie fer ciselé, crosse en noyer.

2002. — 1 *Paire de pistolets*, canons Damas, batterie argent, crosse noyer incrusté argent.

Exposé par la Commission

2075. — 1 *Photographie encadrée*, Casbah de la Goulette.

2079. — 1 *Photographie encadrée*, intérieur d'un fort tunisien.

2126. — 1 *Photographie encadrée*, le fort de Haumt Souk (Djerba).

2133. — 1 *Photographie encadrée*, cheval et selle d'un chef arabe.

GROUPE II 13ᵐᵉ CLASSE E

Exposé par la Commission

2135. — 1 *Photographie encadrée*, la salle du trône à Tunis.

2139. — 1 *Photographie encadrée*, l'escalier du Bardo.

2146. — 1 *Photographie encadrée*, Dar-El-Bey (Palais du Bey).

GROUPE III 16ᵐᵉ CLASSE

Exposé par la Commission.

2114. — 1 *Photographie encadrée*, la Galisson-nière en rade de la Goulette.

2131. — 1 *Photographie encadrée*, bombarde-ment de Sfax.

GROUPE III 17ᵐᵉ CLASSE

Exposé par M. Caillat.

2442. — 1 *Carte* du pays parcouru par le canal des eaux de Zaghouan et de Djouggar.

2443. — 1 *Photographie,* souvenir de la restauration de l'aqueduc de Carthage, (source de Zaghouan).

2444. — 1 *Photographie,* souvenir de la restauration de l'aqueduc de Carthage, traversée de l'Oued Méliane.

2445. — 1 *Photographie,* Traversée de l'Oued Méliane par l'ancien aqueduc de Carthage.

GROUPE III 19me CLASSE C

Exposé par la Commission.

2097. — 1 *Photographie encadrée,* la Gare italienne à Tunis.

1098. — 1 *Photographie encadrée,* arrivée du général Forgemol à la Goulette.

2134. 1 — *Photographie encadrée,* arrivée en gare de Tunis.

Exposé par la Cie des chemins de fer de Bône-Guelma et prolongement, lignes de Tunisie.

2449. — 1° *Album,* contenant une carte générale du réseau des chemins de fer de Bône-Guelma et prolongement, et le profil itinéraire de la ligne de Tunis à la frontière algérienne.

2450. — 2° *Album,* contenant les types des ouvrages dont l'énumération suit :

N° 1. Plan général.

2. Plan des gorges de la Medjerda, près de Béja.

3. Profil en long.

4. Types des passages à niveau.

Exposé par la Cie des chemins de fer de Bône-Guelma et prolongement, lignes de Tunisie

N° 5. Types d'aqueducs dallés de 0^m40 sous chemins.

6. Barrières pour passages à niveau.

7. Répartition des maisonnettes de garde.

8. Maisonnettes de garde avec citerne.

9. Types de passage à niveau, note explicative.

10. Aqueduc de 0^m60 sous rail.

11.   »   d°   »   avec murs en aile.

12. Aqueduc de 0^m60 sous remblai.

13.   »   d°   »   ballast.

14.   »   de 0^m80 sous rail.

15.   »   d°   d°   piedroits élevés.

16.   »   voûté de 0^m80 sous plate-forme, murs en retour.

17. Aqueduc voûté de 0^m80 sous ballast.

18.   »   sous remblai, murs en aile.

19.   »   voûté de 0^m80 sous remblai, murs en aile et en retour.

20. Aqueduc voûté de 1^m00 sous ballast.

21.   »   d°   d°   sous plate-forme.

22.   »   d°   de 1^m50 sous rails.

23. Ponceau voûté de 1^m50 sous remblai piedroits de 0^m60.

24. Ponceau voûté de 1^m50 sous remblai de 0^m80.

25. Aqueduc voûté de 2^m00 sous ballast, murs en aile.

26. Aqueduc voûté de 2^m00 sous plate-forme.

Nᵒ 27. Ponceau voûté de 2ᵐ00 sous fort remblai, murs en aile.

28. Ponceau voûté de 2ᵐ00 sous fort remblai, murs en aile et en retour.

29. Ponceau voûté de 3ᵐ00 avec mur en aile et en retour.

30. Ponceau voûté de 3ᵐ00 sous fort remblai avec murs en aile et en retour.

31. Ponceau voûté de 4ᵐ00 sous remblai, murs en retour piedroits de 1ᵐ00.

32. Ponceau voûté de 4ᵐ00 piedroits de 1ᵐ50.

33. Pont voûté de 5ᵐ avec murs en retour.

34.   dᵒ   dᵒ   avec culées évidées.

35.   dᵒ   de 3 arches de 5ᵐ d'ouverture.

36.   dᵒ   de 6ᵐ d'ouverture.

37. Pont métallique de 7ᵐ d'ouverture.

38. Pont voûté de 2 arches de 5ᵐ00 d'ouverture.

39. Pont voûté de 3 arches de 10ᵐ d'ouverture.

40. Pont voûté de 4 arches de 6ᵐ d'ouverture.

41. Pont métallique de 20ᵐ d'ouverture, culées de 6ᵐ.

42. Pont métallique de 20ᵐ d'ouverture, culées de 8ᵐ00.

43. Pont voûté de 3 arches de 8ᵐ d'ouverture.

44. Pont de 2 travées métalliques de 25ᵐ d'ouverture chacune.

45. Pont voûté de 3 arches de 12ᵐ d'ouverture chacune.

Nᵒ 46. Pont métallique de 68ᵐ d'ouverture, élévation.

46 (*bis*). Pont métallique de 68ᵐ d'ouverture, détails, piles et culées, côté de Tunis.

46. Pont métallique de 68ᵐ d'ouverture, côté de Dach.

47. Souterrain de la Mane ba, tête sud.

2451. 3ᵉ *Album*, contenant les photographies des principaux ouvrages.

Nᵒ 1. Gare de Tunis, bâtiment des voyageurs.

2. dᵒ vue prise de côté de la ville.

3. Gare de Tunis, vue prise de côté de Bab-Alleoua.

4. Station de Tebourba, kilom. 33.

5. dᵒ de Medjez-el-Bab, kilo.

6. Pont voûté à 3 arches de 12ᵐ d'ouverture sur l'Oued-Zargua, kilom. 85.

7. Pont métallique de 58ᵐ d'ouverture sur la Medjerdah, kilom. 94.

8. Bords de la Medjerdah, tranchée avec mur de soutenement au kilom. 96.

9. Pont métallique de 58ᵐ d'ouverture sur la Medjerdah, kilom. 100.

10. Bords de la Medjerdah, flanc de côteau kilom. 101.

11. Tranchée au kilom. 101.

12. Pont métallique de 58ᵐ d'ouverture sur la Medjerdah, kilom. 103.

13. Pont métallique de 68ᵐ d'ouverture sur la Medjerdah, kilom. 104.

Exposé par la C⁴ des chemins de fer de Bône-Guelma et prolongement, lignes de Tunisie

Nᵒ 14. Station de Béjà kilom. 106.
15. Tranchée au kilom. 107.
16. Pont voûté de 12ᵐ d'ouverture sur l'Oued Kesseb, kilom. 128.
17. Pont métallique de 20ᵐ d'ouverture sur le Bou Ertona, kilom. 136.
18. Pont métallique de 50ᵐ d'ouverture sur la Medjerdah, kilom. 151.
19. Gare de Ghardimaou, kilom. 189.

GROUPE III 20ᵐᵉ CLASSE F

Exposé par la Société Franco-Africaine

2215. — 1 *Echantillon* d'orge.
C'est la grande culture du pays. — Le rendement dans de bonnes années donne jusqu'à 50 p. 1. — L'échantillon représente une culture faite en 1882; elle a donné 25 pour 1. — Ce produit a été obtenu avec une petite charrue attelée d'une bête.
Le prix est de 15 fr. le quintal.
2216. 1 *Echantillon* de pois chiches.
Cette culture se fait au printemps dans des terres fortes ; elle réussit généralement et donne un produit de 15 à 20 pour 1. — Le prix est de 15 fr. le quintal.
2224. — 6 *Toisons de brebis*, race de Sétif, acclimatées à Sidi-Tabet.
2227-2230. — 4 *Bouteilles* goudron de l'Enfida.

Exposé par la Minoterie de la Djedeïda

2351. — 1 *Bocal* renfermant du blé dur de la Tunisie.

2352. — 1 *Bocal* renfermant de la Semoule supérieure, marque S S.

2353. — 1 *Bocal* renfermant de la grosse semoule à potage.

2354. — 1 *Bocal* renfermant de la Semoulette.

2355. — 1   »   »   de la Semoule ordinaire, marque O S.

2356. — 1 *Bocal* renfermant de la farine entière de blé dur.

Groupe III 20me Classe G

Exposé par la Cie du Mokta-el-Hadid

1565-1566. — 2 *Troncs de chêne* Zéen (portant les nos 13 et 14.

1567. — 1 *Tronc de chêne* Liège (portant le no 12.

1568. — 4 *Plateaux de chêne* Zéen.

1569. — 4 *Demi plateaux de chêne* Zéen.

1570. — 2 *Echantillons* de Liège.

Exposé par la Société Franco-Africaine

2009-2017. — 9 *Troncs* de Thuya de l'Enfida.

Groupe III 20me Classe H

Exposé par la Cie de Mokta-el-Hadid

1537. — 1 *Echantillon* de minerai de fer de Ras-Rajel.

1538 A. — 1 *Echantillon* de grès, de Ras-Rajel inférieur à la couche de fer.

1538 B. — 1 *Echantillon* de grès de Ras-Rajel, inférieur à la couche de fer.

1538 C. — 1 *Echantillon* de grès de Ras-Rajel, inférieur à la couche de fer.

1539. — 2 *Echantillons* calcaire de Ras-Rajel, supérieurs à la couche de minerai de fer.

1540. — 5 *Plaques* de fonte, provenant de la fusion en creusets brasqués de minerai de fer de Ras-Rajel.

1541. — 1 *Echantillon* de minerai de plomb de Khdéiria.

1542. — 1 *Echantillon* de minerai de plomb d'Aly ben Khlifa.

1543. — 1 *Echantillon* de minerai de plomb de Choussa.

1544. — 1 *Echantillon* de minerai de fer de Gannara.

1545. — 1 *Echantillon* de minerai de fer de Mokta-el-Hadid.

1546. — 1 *Echantillon* de minerai de fer du Djebel Bellif.

1547. — 1 *Echantillon* de minerai de fer de Boulanague.

1548. — 1 *Photographie* de la Galerie de Ganara

1549. — 1 d° des ruines Romaines, situées au pied du Djebel Bellif.

1550. — 1 *Photographie*, vue de la Crète de Bou Lanague.

1551. — 1 *Photographie*, vue du Mamelon de Ras-Rajel, versant Sud.

1552. — 1 *Photographie*, vue de l'île de Tabarka
1553. — 1   dᵒ   du Cheikh des Meknas avant l'occupation.

Exposé par la Cⁱᵉ du Mokta-el-Hadid

1554. — 1 *Photographie* des ouvriers Meknas et leur Cheikh, employés aux travaux des mines.

1555. — 1 *Carte* à l'échelle de 1/20000 pour accompagner la notice.

1556. — 1 *Carte* à l'échelle de 1/60000 pour accompagner la notice.

1557. — 1 *Plan* des travaux.

1558. — 1 » du port de Tabarka.

1559-1560. — 2 *Grandes photographies*.

1561-1562. — 2 *Bouteilles* eau minérale de Sidi-Bader.

1563. — 1 *Bouteille* eau minérale de Ras-Rajel.

1564. — 1 » » du Djebel Bel-lif.

Exposé par la Cⁱᵉ de Bône-Guelma
(des Chemins de fer)

1571. — 3 *Echantillons* de minerai de plomb de Djebba, gisement de Bordj (cases 3, 4 et 6).

1572. — 2 *Echantillons* de minerai de plomb de Djebba, gisement du jardin (cases 1 et 2).

Exposé par la Commission ou M. Grand.

1573. — 1 *Echantillon* de minerai de plomb et de zinc, de Bou-Kornein (Hammam-el-Enf) (case nᵒ 5).

Exposé par la Société Franco-Africaine.

2190-2195. — 6 *Bouteilles eau minérale* de Garzi.

Cette eau sort d'un rocher au pied de la montagne qui lui donne son nom, elle a une température de 22° à sa source. — L'analyse de cette eau se fait actuellement à Paris. — Les Romains y avaient un établissement.

2196-2201. — 6 *Bouteilles eau thermale* de Zeriba.

Un ancien établissement romain, ainsi qu'un établissement arabe indique, l'importance de cette eau qui a une température de 43°. Les indigènes y affluent principalement au printemps. — L'analyse se fait actuellement à Paris.

Exposé par la Société Métallurgique Italienne du Djebel Arsas

2342. — 1 *Vue* de la Montagne de plomb (Djebel Arsas).

2343. — 1 *Habitation* à la Montagne de plomb.

2344. — 1 *Vue générale* de la fonderie du Djebel Arsas, prise d'en haut.

2345. — 1 *Vue* des Fourneaux de la fonderie du Djebel Arsas.

2346. — 1 *Façade* de la fonderie du Djebel Arsas.

2420-2439. — 20 *Saumons de plomb*, provenant des scaries du Djebel Arsas.

2452. — *Calamine* (échantillons de minerais).

Exposé par la Société Métallurgique Italienne du Djebel Arsas

2453. — *Calamine* (échantillons de minerais).
2454. —   d°   »
2455. —   d°   »
2456. — *Minerai de plomb*   »
2457. —   d° -   · · · - »
2458. —   d° ·   et calamine.

Exposition de la Cⁱᵉ **des marbres de Schemtou, Société Anonyme dont le siège social est à Liege (Belgique) et le dépôt à Paris, (Aubervilliers).**
Exploitation des carrières impériales ouvertes par les Romains aux premiers siècles de l'Ere chrétienne et abandonnées par eux lors de l'invasion des Vandales en Numidie. — Ces carrières ont fourni le marbre des plus grands monuments de Rome.

2471. — 1 *Grande cheminée* style Louis XIV.
1 »   »   » François I.
1 »   »   renaissance flamande.
12 Gaines pyramides.
12 Vases modernes et antiques, en diverses nuances et en différents types.
1 Grand vase, de 2 mètres 75 de hauteur, en jaune de Numidie reposant sur un socle en Brèche, plus une tripode romaine.
1 Table mosaïque en toutes variétés de marbres.
Une série de vues photographiques prises en panorama des ruines de Schemtou et de la colonie qu'elle a

établie, de ses cités ouvrières, de ses bureaux et de son chemin de fer etc., ainsi qu'un plan général de ses carrières.

GROUPE III 20me CLASSE I.

Exposé par la Minoterie de la Djedéïda

2046. — 1 *Photographie encadrée*, Vue générale de la Djedéida.

2047. — 1 *Photographie encadrée*, Vue du moulin et barrage de la Djedéida.

2048. — 1 *Photographie encadrée*, Vue de la façade du moulin de la Djedéida.

2049. — 1 *Photographie encadrée*, Vue intérieure du rez de chaussée du moulin de la Djedéida.

Exposé par la Commission

2115. — 1 *Photographie* La Chapelle de St-Louis.

2320. — 1 *Album* vues et types en Tunisie.

2348. — 1 *Bocal* contenant des bouchons en liège de Tunisie.

2349. — 1 *Bocal* contenant des bouchons à limonade, en liège de Tunisie.

2350. — 1 *Bocal* contenant des bouchons conique en liège de Tunisie.

2440. — 1 *Paquet* contenant 23 photographies Album, vues et types.

2441. — 1 *Paquet* contenant 54 photographies grandes, vues et types.

Groupe III 21me Classe B.

Exposé par la Commission

2053. — 1 *Photographie encadrée*, Avenue de la Marine à Tunis.

2068. — 1 *Photographie encadrée*, Galerie du Consul Anglais à la Marsa.

2069. — 1 *Photographie encadrée*, Aspect du jardin de Sᵗ-Louis.

2118. — 1 *Photographie encadrée*, La Résidence Française à Tunis.

2140. — 1 *Photographie encadrée*, Veranda. de la Résidence de la Marsa.

Groupes III 22me Classe A.

Exposé par l'Alliance Israélite

2347. — Plan de l'Ecole de l'Alliance Israélite de Tunis.

Groupe III 23me Classe

Objets du Musée de Carthage, envoyés par le R. P. Delattre à l'Exposition Internationale d'Amsterdam.

239. — *Tête de Cybèle*, en terre cuite rouge, ayant 9 centimètres de hauteur (y compris la coiffure qui est de 4 centimètres); trouvée à l'ancien Forum.

240. — *Pièce de cèdre*, comptant environ 3.000 ans, longue de 85 centimètres et large de 35; trouvée dans un tombeau carthaginois primitif découvert sur la colline de Junon.

Le cœur seul, sur un diamètre de 13 centimètres,
a disparu. Le reste de ce bois est parfaitement
conservé, après plusieurs milliers d'années.

241. — *Vase punique* en terre cuite de fabrication très-primitive et de la forme d'une demi-
sphère. Cette poterie a 7 millimètres d'épaisseur
et 6 centimètres de hauteur.

242. — *Patère* ou espèce de soucoupe en
terre, semblable pour le style, au vase précédent;
trouvée dans un tombeau phénicien.

243-244. — *Petites urnes* à corps renflés et à
col étroit. Leur bec est légèrement étranglé et leur
hauteur varie entre 8 et 10 centimètres ; époque
punique.

245-246. — *Patères* de terre cuite, semblables
pour la forme à des soucoupes plates ; trouvées
dans les sépultures puniques.

247-248. — *Lampes funéraires puniques,* en
forme de coquilles ou de patères dont le bord re-
plié en dedans, en trois endroits, forme deux espèces de becs ayant servi à conserver l'huile et à
tenir les mèches.

249. — *Hachette plate,* d'époque punique,
longue de 10 centimètres, y compris la partie qui
entrait dans le bois du manche.

250-252. — *Scorpions en relief,* sur des plaques d'étain et de cuivre.

253. — *Fruits calcinés,* trouvés en grande
quantité dans un terrain rempli de cendres. On y
reconnaît des figues et des dattes, fruits du
pays.

254. — *Stèle punique,* sur laquelle est gravé l'emblème ordinaire des principales divinités de Carthage, Tanit et Baal.

255. — *Tête de déesse,* trouvée près de l'ancien Forum. Elle mesure 32 centimètres de hauteur. Elle est grecque et d'un fort beau travail. Le visage garde des traces de l'or qui le couvrait sans doute en entier. Les oreilles sont percées d'un trou destiné à recevoir des pendants. On reconnaît sur cette belle tête la place d'une couronne, et un trou dans lequel se posait une aigrette mobile. Plusieurs amateurs d'antiquités ont cru reconnaitre, dans cette pièce remarqualbe, la tête d'*Astarté* ou de *Junon Céleste,* la même que *Tanit,* la déesse protectrice de Carthage.

256. — *Corniche de marbre blanc,* longue de 50 centimètres, large de 22, d'une finesse et d'un art admirables; trouvée sur la colline de Byrsa.

257. — *Buste drapé,* à visage barbu, au-dessus d'une demie-colonnette; hauteur : 39 centimètres.

258. — *Buste de vieillard,* trouvé sur Byrsa. Cette pièce est d'un travail remarquable.

259. — *Tête de Jupiter-Sérapis,* en bas-relief.

260. — *Tête,* en bas-relief.

261. — *Statuette mutilée,* de marbre noir, trouvée sur la colline de Byrsa.

262-265. — *Têtes de marbre.*

266-267. — *Petites statuettes* de terre rouge.

268-269. — *Statuettes* de terre cuite, trouvées près d'un cippe funéraire dans le cimetière réservé aux employés du Proconsul de Carthage. L'une représente une musicienne qui touche d'un instrument à corde, l'autre est un joueur de flûte.

270. — *Partie supérieure d'une statuette;* personnage assis et tenant de la main gauche une espèce de sceptre.

271-272. — *Têtes de figurines* en terre cuite.

MOSAIQUES

273. — *Buste de Bacchus;* sa tête imberbe porte une couronne de verdure; de la main droite, il tient un thyrse. Ce sujet formait le centre d'une mosaïque aux quatre saisons.

274. — *L'Automne,* femme couronnée de pampres, portant d'une main une corbeille chargée de raisins, et de l'autre une grosse grappe. Elle est vêtue d'une tunique et d'un manteau qui laissent à nu les bras et les pieds.

275. — *L'Hiver,* femme âgée couronnée de verdure, et complètement vêtue. L'ample draperie de son manteau, enveloppe sa tête et ne laisse paraître que le visage et la main droite qui porte une houe, ou instrument à deux dents, et un objet indéterminé.

276-278. — *Oiseaux,* provenant de la même mosaïque.

Ces divers sujets, formaient le pavé d'une salle des thermes, que nous avons découverts et fouillés, près du village de la Malga.

279. — *Buste d'Enfant,* portant une corbeille et cueillant des fleurs; mosaïque trouvée sur le chemin de Sidi-bou-Saïd, non loin des citernes du bord de la mer.

LAMPES

280. — *Lampe de bronze,* la seule de métal, recueillie à Carthage. Sa longueur est de 0,11 centimètres.

281-286. — *Lampes romaines* sans oreillon, trouvées dans des tombeaux datant du commencement du 1ᵉʳ siècle de notre ère.

287. — *Lampe romaine* à double bec; son disque est orné d'une tête couronnée. La poignée à la forme d'un croissant; au-dessous, cette marque de fabrique : C. IVN. DRAC. *Caii Junii Draconis.*

288. — *Lampe romaine* de terre cuite, en forme d'ours représenté debout, sur une base arrondie à chaque extrémité. Sur l'échine et le front de l'ours, sont des trous circulaires pour l'introduction de l'huile et de la mèche.

289-330. — *Lampes romaines,* trouvées dans les fouilles de deux cimetières païens. Notre collection en compte plusieurs centaines. Voici les sujets principaux qu'elles portent sur leur disque: Jupiter Sérapis, l'enlèvement de Ganymède, l'aigle de Jupiter, Hercule, Neptune, Astarté, Junon, la Victoire, la Fortune, la tête de Méduse, le Soleil, la Lune, des génies, des chimères, divers animaux, etc.

331. — *Disque de lampe romaine* d'un beau travail.

332-335. — *Lampes* de diverses époques et de différentes formes.

336. — *Lampe à double bec.*

337. — *Lampe* de basse époque.

338. — *Moule de lampe romaine.*

ANTIQUITÉS CHRÉTIENNES

339. — *Peigne d'ivoire*, trouvé près de la colline de Junon. Il porte d'un côté la croix latine gravée entre deux palmes. C'est un peigne chrétien antique qui a servi dans les cérémonies du culte, conformément à l'usage de la primitive Eglise.

340. — *Brique,* portant l'estampille du monogramme du Christ.

341. — *Statuette* de terre cuite, trouvée avec plusieurs autres semblables dans les fouilles des cimetières chrétiens. Elle représente la Sainte-Vierge.

342. — *Fond intérieur d'une poterie byzantine,* portant la croix comme emblème.

343. — *Poterie byzantine,* portant le symbole de l'agneau.

344. — *Poterie byzantine* sur laquelle est empreint le symbole de la colombe.

D'autres poteries de notre collection portent comme marque chrétienne, le monogramme du Christ, la croix latine surmontée et accostée de colombes, l'emblème du vase, etc...

345. — *Lampe chrétienne*, à double bec.

346. — *Lampe chrétienne*, de 13 centimètres de longueur et de 8 de largeur, en argile rouge. Sur son disque est représenté un personnage debout, vêtu d'une robe très-ample et portant de la main droite une croix. C'est le Christ vainqueur.

347. — *Lampe chrétienne*. Sur son disque, Jésus-Christ armé de la croix et foulant aux pieds le serpent.

348. — *Lampe chrétienne;* portant pour emblème l'image du Lion.

349. — *Lampe chrétienne;* ayant pour sujet Daniel dans la fosse aux lions.

350. — *Lampe chrétienne;* portant le symbole de l'Agneau, figure de Notre-Seigneur Jésus-Christ.

351. — *Lampe chrétienne;* avec le Poisson pour emblème,

352. — *Lampe chrétienne ;* sur le disque, le coq dans un cercle formé de lièvres qui courent.

353. — *Lampe chrétienne;* portant l'emblème du vase.

354. — *Lampe chrétienne ;* sur le disque, le monogramme du Christ rectiligne aussi appelé croix monogrammatique.

355. — *Lampe chrétienne;* sur le disque, le monogramme du Christ sous la forme constantinienne.

356-357. — *Lampes chrétiennes;* portant la croix monogrammatique.

358. — *Lampe chrétienne;* sur le disque, le Bon-Pasteur,

359. — *Lampe chrétienne;* portant l'emblème du Cheval.

360. — *Lampe chrétienne;* sur le disque, la croix latine.

361. — *Lampe chrétienne;* portant un sujet indéterminé.

362. — *Lampe chrétienne;* sur le disque, une croix latine qui renferme plusieurs médaillons dans lesquels est figuré l'Agneau. C'est ce genre de croix qui a précédé immédiatement l'apparition du crucifix. Au-dessous de cette lampe, se voit l'estampille d'une tête de profil.

363. — *Lampe chrétienne,* avec le Palmier pour symbole.

364-365. — *Lampes chrétiennes,* avec le monogramme du Christ.

366. — *Lampe chrétienne,* portant l'emblème de la colombe.

367. — *Lampe chrétienne,* ayant sur son disque l'image d'un Poisson dans un cercle formé de *pisciculi.*

368. — *Lampe chrétienne,* portant l'emblème eucharistique de l'Agneau et de la Feuille de Vigne.

369. — *Lampe chrétienne;* sur le disque, le Cèdre.

370-375. — *Lampes chrétiennes;* sur leur disque, le Paon, le Cerf et le Vase, l'Aigle, le Cerf qui court, le Phénix perché sur un palmier, et enfin le Lièvre.

D'autres lampes chrétiennes de notre collection portent encore les représentations suivantes: la Feuille de Vigne, les deux Hébreux rapportant l'énorme grappe de raisin de la terre promise, le candélabre à sept branches, la Croix accostée de l'*Alpha* et de l'*Oméga*, les trois Hébreux de la fournaise, Jonas sortant de la baleine et plusieurs autres sujets emblématiques, On peut lire sur ces lampes notre brochure intitulée: *Lampes chrétiennes de Carthage.* (1)

OBJETS DIVERS.

376-385. — *Belles poteries rouges,* provenant des fouilles des cimetières réservés aux employés du Proconsul de Carthage.

386-387. — *Briques* de terre cuite dont la face porte des ornements.

388-389. — *Briques tubulaires* de diverses dimensions.

390. — *Objet de terre cuite,* d'usage indéterminé.

391-392. — *Moules* de terre cuite.

393. — *Bloc de plâtre,* dans lequel sont moulées les jambes d'un cadavre, entourées de bandelettes funéraires; trouvé dans une tombe païenne où le corps avait été recouvert d'un lait de plâtre qui en se durcissant, a conservé l'empreinte des membres et des bandelettes sur lesquels il s'est modelé.

(1) Bibliothèque illustrée des missions catholiques, rue d'Auvergne 6, à Lyon.

394. — *Grande amphore funéraire,* trouvée pleine de cendres et d'ossements calcinés dans un des cimetières païens de Bir-el-Djebbana.

395. — *Petite amphore,* trouvée sur la pente de Byrsa, vers le village de Douar-ech-chot.

396. — *Urne funéraire,* provenant des cimetières que nous avons fouillés et qui en ont fourni un très-grand nombre. Leurs formes et leurs dimentions varient depuis l'amphore haute de plus d'un mètre comme le N° 394, jusqu'aux moindres vases les plus ordinaires, avec ou sans anses.

397. — *Urne funéraire,* pleine d'ossements calcinés, telle qu'elle a été trouvée dans le cippe.

398. — *Poids romain de cuivre,* trouvé à Bir-el-Djebbana dans une sépulture païenne. Sa forme est celle d'une pyramide tronquée à 4 côtés égaux. Le carré de la base mesure 21 millimètres de côté et celui du sommet 1 centimètre.

399. — *Poids romain de marbre.*

400. — *Autre poids romain de marbre.*

401. — *Balles de fronde,* de terre cuite.

402. — *Balles de fronde* en plomb. Ce sont les trois seules que nous ayons trouvées à Carthage.

403. — *Epingles d'ivoire.*

404. — *Aiguilles d'ivoire.*

405. — *Lacrymatoire de verre,* trouvé dans un tombeau païen de Bir-el-Djebbana.

406. — *Boucles* et *charnières* fleurdelisées; *bagues* dont une en or est ornée de son chaton, et

une autre porte la croix latine accostée de l'alpha et de l'oméga, avec cette inscription VICTO RINVS.

EPIGRAPHIE.

I. Epigraphie punique.

407. — *Fragment d'une plaque* portant le tarif des redevances dûes aux prêtres pour les différentes sortes de sacrifices. Deux autres fragments de même nature, ont été trouvés également à Carthage: l'un est au Musée de Strasbourg, l'autre au Musée Britannique.

408-413. — *Stèles puniques*; ex-voto à la déesse Tanit, face de Baal, et au dieu Baal-Hammon.

Notre collection possède plus de 200 de ces inscriptions votives.

414. — *Marque de potier punique,* sur une anse de vase.

Nous avons recueilli 20 de ces estampilles phéniciennes. Toutes ont été trouvées autour de la colline de Byrsa.

415. — *Marque de potier* qui parait être libyque.

II. Epigraphie grecque

416. — *Marque de potier,* sur une anse d'amphore.

417. — *Autre marque de potier.*

Nous possédons dix variétés de ces estampilles grecques. Elles sont en cours de publication dans le Bulletin de l'Académie d'Hippone (N° 17, page 80). Nous avons aussi trouvé des inscriptions grecques gravées sur le marbre; mais elles ont été scellées contre le mur de la cour intérieure de St-Louis et ne pourront paraître à l'Exposition. Il en est de même du plus grand nombre de nos textes puniques et latins.

III.EPIGRAPHIE LATINE.

418. — *Epitaphe versifiée*, provenant d'un des deux cimetières réservés aux employés des Proconsuls de Carthage:

DIS. MAN, SAC.
MINICIAE. PRIMAE. QVAE. VIXIT
ANNIS. XXVI. NICODROMVS. AVG.
PIAE ET BENE MERENTI VXORI FECIT
PRIMA AETATE TVA RAPTA ES KARISSIMA CONIVNX
ANNIS BIS DENIS ET SEX TIBI VITA PROBATA EST
ROMA TIBI GENVS EST FATVM FVIT VT LIBYS ESSES
DVCERIS AD STYGIAM NVNC MISERANDA RATEM
INQVE TVO TRISTIS VERSATVR PECTORE LETHE
VT NON COGNOSCAS ME MISERANDA PIVM
MVNVS ERAT FORTVNATVVM SERVARE PVDICAM
ET POTERAS AMBOS ITALIAE DARE TV
A MVLTIS FLETV RENOVAVERIS O BONA SIMPLEX
CVM TE IN CONSPECTV NON HABEAM COMITEM
H S E

Au revers de cette inscription en est une autre ainsi conçue:

DIS. MANIB.
SACRVM
MINVCIAE. PRIMAE
QVAE. VIXIT. ANNIS
XXVI
NICODROMVS. AVG. (ser.) PIAE
ET. BENE. MERENTI. CONIVGI
FECIT

419. — *Inscription funéraire* dont le texte compte vingt-six lignes. Cette épitaphe, la plus longue que nous ayons trouvée dans les deux cimetières païens de Bir-el-Djebbana, sera publiée cette année dans le Bulletin Epigraphique de la Gaule.

420. — *Epitaphe d'un médecin*, de même provenance.

D. M. S.
M· MACRIVS· TROPFIMVS
AVG· LIB· MEDICVS· PIVS
VIXIT· ANNIS· XXXXV
FECER· LIB· EIVS· PATRONO
BENE· DE· SE· MERENTI

Cette inscription est *opistographe*. Au revers se lit une autre épitaphe.

421. — *Inscription* provenant des mêmes fouilles:

DIS. MAN. SAC.
VLPIA. MVSA. PIA
VIX. ANN. XXXXV.
H. S. E.

Exposé par le R. P. Delattre

Au revers de cette plaque, sont gravés plusieurs animaux, qui semblent être les débuts de quelque enfant. On reconnaît, parmi ces figures, celles d'un coq et d'un scorpion.

422. — *Autre épitaphe.*

423. — *Plaque de plomb,* large de 0^m13 et longue de 0^m25, trouvée dans un cippe. On y lit cette formule:

> *Te rogo qui infernal*
> *es crates tenes. Commen*
> *do tibi Juliâ Faustillâ*
> *ut eam celerius abduca*
> *s infernal..... artibus*
> *in numeru tu abias.*

Au revers de cette plaque, la même formule est reproduite, avec une variante de quelques lettres après le mot *Faustilla.*

Ces inscriptions (418-423) proviennent des fouilles de deux cimetières païens que nous avons découverts près du village de la Malga, sur un terrain appelé par les arabes *Bir-el-Djebbana* (le puits du cimetière). Nous y avons recueilli plus de 500 épitaphes. Les 277 premières ont paru à la suite d'une lettre adressée en Avril 1881 par le Cardinal Lavigerie à M. le Secrétaire Perpétuel de l'Académie des Inscriptions et Belles-Lettres. Soixante-treize ont été publiées dans les *Missions Catholiques* de Lyon (9 et 16 Juin, 14 et 21 Juillet 1882) Le reste est en cours de publication depuis le mois d'Août 1882, dans le *Bulletin épigraphique de la Gaule.*

Les 113 premières épitaphes que nous avons

ainsi découvertes ont été cédées à la Bibliothèque Nationale. Les autres, à part celles que nous exposons, ont été scellées contre le mur intérieur de S¹ Louis où les touristes peuvent les lire et les étudier.

424. — *Marque de potier*, sur une poterie romaine, dans une empreinte de pied.

S· M· I·

425. — *Marque de potier*, sur le fond intérieur d'une belle poterie.

C. M A
R I V S

Notre collection possède une vingtaine de variétés de ces estampilles. Elles sont publiées dans le Bulletin de l'Académie d'Hippône, ainsi que les marques sur briques et sous lampes romaines.

426. — *Marque céramique*, sur brique romaine:

CN· DOMITII· AMANDI
VALEAS· QVI· FEC

Nous en possédons une série de 25 variétés.

427. — *Marque de potier*, au dessous d'une lampe romaine:

E X O F I
L· H O R T E
N S I V S

428. — *Marque de potier*, au dessous d'une lampe:

C I V M A R

429. — *Marque de potier,* au dessous d'une lampe:

P V L L A E N I

430. — *Marque de potier,* au dessous d'une lampe:

C· C L O· S V C

431. — *Marque de potier,* au dessous d'une lampe:

G A B I N I A

432. — *Marque de potier,* au dessous d'une lampe:

A N C H I A L (1)

Nous avons trouvé plus de cent variétés de ces estampilles dans les fouilles des deux cimetières païens de Bir-el-Djeblana.

EPIGRAPHIE CHRÉTIENNE,

433. — *Plaque de marbre* épaisse de 0^m03, longue de 0^m43 et large de 0^m21 portant une inscription sur chaque face. D'un côté, on lit:

AVRELIA SIRVATA
INNOS IN PACE
VICXIT ANNVME
SES QVADTOR DIES
VIGINTITRES *(une colombe)*

et de l'autre:

SECVNDOSA· FIDE
LIS· IN· PACE

(1) A et L forment monogramme.

Au dessous de ces deux lignes, est gravé le
monogramme du Christ sous la forme constantinienne accosté de l'*Alpha* et de l'*Oméga*.

Cette plaque funéraire a été trouvée près du
village de la Malga, dans les fouilles d'un ancien
cimetière chrétien, ainsi que la suivante:

434. — *Plaque* longue de 0ᵐ51 et large de
0ᵐ31, portant aussi une double inscription. D'un
côté:

> PASCASIVS
> FIDELIS· IN· PA
> CE· VIXIT· ANNOS
> VII ✝

et de l'autre:

> DATIBA· VIXIT· FIDELI
> S· IN· PACE· VIXIT· AN
> NIS IIII

435. — *Autre épitaphe* chrétienne.

436. — *Epitaphe chrétienne* en mosaïque:

> THEODORA· FID· IN· PAC· VI
> ✝ XIT· ANN· VNV· MENS· VIII
> ET· D· VII· DP· XIIII· KAL· OCT

✝ Theodora fidelis in pace vixit annum unum,
menses octo et dies septem, deposita quarto deci-
mo Kalendas Octobris. (1)

437. — *Mosaïque* trouvée dans un cimetière

(1) Nos nombreuses inscriptions chrétiennes découvertes à Carthage, sont en cours de publication dans le Bulletin des missions
catholiques de Lyon. Voir les Nᵒˢ 10 Mars 1882, 23 Février, 2, 9,
23 et 30 mars, 6, 13 et 20 Juillet 1883 et suivants.

chrétien, on y voit un paon, un agneau et une fleur.

438. — *Moule de médailles* chrétiennes.

2521. — *Collier Egyptien,* trouvé sur Byrsa dans un tombeau punique, composé de cinquante et-une perles rondes, d'une cubique et de six amulettes. Deux de ces dernières représentent des figures accroupies, et les autres des reptiles. Ces amulettes sont faites les unes de pâte blanche, les autres de pâte verdâtre.

2522. — *Masque Egyptien,* en terre cuite, haut de 0,11 centimètres, trouvé à 8m50 de profondeur, sur la colline de *Junon.* Ce masque remarquable de finesse, était destiné à être suspendu, comme ex-voto, contre le mur de quelque temple, comme le prouve le trou carré, pratiqué au sommet, dans l'épaisseur de la couche de terre cuite.

2523. — *Scarabée Egyptien,* en terre cuite à double face. Cette amulette trouvée sur la colline de *Junon,* porte d'un côté, le prénom de Thouthmès III, Ra-men-Kheper.

2524. — *Disque de terre cuite,* portant une tête de bœuf entre le caducée et l'emblème d'Astarté.

2525-2526 — *Unguentaria,* trouvés sur la colline de Junon.

2527. — *Disque de terre cuite,* portant une tête de Méduse.

2528. — *Petit bronze,* d'une localité indéterminée d'Egypte ,sous la domination des Empereurs.

2529. — *Petit bronze,* incertain d'Egypte, portant le nom de Ptolémée.

2530. — *Anneau punique,* en plomb et or, d'un diamètre intérieur de 0,015 millimètres et extérieur de 0,027. Le cercle de l'anneau est soudé à un chaton d'or, long de 0,011 millimètres et large de 0,008 1/2. Appliqué sur la cire, il donne l'image d'une figure dont on ne distingue bien que les jambes. Aux pieds du personnage, sont deux tronçons d'arbre d'où s'élève une tige, et au des-sous l'emblème punique du disque surmonté du Croissant, emblème qui se retrouve gravé de cha-que côté de cette figure. Ce sujet doit représenter Osiris. Trouvé dans un tombeau phénicien.

2531. — *Objet de plomb,* en forme de C ou de croissant, plus gros au milieu qu'aux extré-mités. Sa longueur est de 0,045 millimètres. Anneau punique dont le chaton n'a pas été re-trouvé.

2532. — *Collier romain,* trouvé dans un tombeau,

2533. — *Débris de bijoux d'or.*

2534-2539. — *Petites plaques de plomb,* portant des caractères.

2540. — *Plaque de plomb,* longue de 0ᵐ32 et large de 0ᵐ17, trouvée roulée sur elle-même dans un tombeau et portant une inscription caba-listique. (1)

2541. — *Petite tête de statuette.*

---

(1). Cette inscription a été publiée dans le nᵉ du 16 Juin 1882 des Missions Catholique de Lyon.

2542. — *Objet indéterminé*, portant cette marque: EX OFICINA ABEDDONIS.

2543. — *Petit disque de verre*, portant une orante, trouvé dans un cimetière chrétien.

2544. — *Disque de plomb*, percé d'un trou, et portant d'un côté le nom de l'évêque de Carthage:FORTVNIVS. (630-645)

2545. — *Plomb de bulle*, portant l'image d'une orante, les mains levées à la hauteur des épaules. Le revers renferme un monogramme entouré de cette légende circulaire: (a) RCHIEP-ISCO... Ce plomb a vingt deux millimètres de diamètre.

2546. — *Plomb de bulle*, de Patrice.

2547. — *Plomb de bulle*, de Consul.

2548-2561. — *Autres plombs de bulle.*

2562. — *Disque de plomb*, portant sur une face la figure d'un oiseau et sur l'autre une inscription indéterminée.

2563. — *Divers plombs.*

2564. — *Sceaux de bagues.*

2565-2611 — *47 Pierres fines gravées.*

2612. — *Vingt-neuf pierres fines taillées.*

NUMISMATIQUE

2613-2618. — *Monnaies puniques.* Elles portent ordinairement sur la face, l'effigie d'une femme, la déesse protectrice de Carthage et au revers la tête de *Cheval* ou le *Cheval entier debout*, avec ou sans le palmier qu'on y rencontre aussi seul.

2619. — *Monnaie numidique*, porte l'effigie de *Juba*; le revers représente un cheval au galop; diamètre: 0,025 millimètres; poids: 0,142 milligrammes.

2620. — *As trientalis romain*; poids: 133 grammes; diamètre 0,05 centimètres, de forme lenticulaire, renflé vers le centre, et mince vers les bords. La face porte le double visage de *Janus* et sur le revers on voit une proue de navire (*ratis*)

2621. — *As romain*.

2622. — *Monnaies de familles romaines*.

2623. — *Monétaires d'Auguste*.

2624. — *Monnaies frappées*, permissu Pro consulis, decreto decurionum.

2625-2688. — *Monnaies des Empereurs* : Auguste. Tibère, Germanicus, Claude, Néron, Galba, Vespasien, Domitien, Trajan, Adrien, Aelius, Antonin, Faustine, Marc-Aurèle, Faustine Lucille, Commode, Crispine, Géta, Héliogabale, Julia Soaemias, Alexandre-Sévère, Maximin, Maxime, Gordien III, Philippe Ier, Philippe II, Etruscilla, Dèce, Vibius-Trebonien, Valérien, Mariniana, Gallien, Salonina, Salonin, Postume, Victorin, Tetricus, Claude le Gothique, Quintillus Probus, Dioclétien, Maximien-Hercule, Constance-Chlore, Hélène, Maxence, Alexandre, Licinius, Licinius le Jeune, Constantin le Grand, Crispus, Delmatius, Constantin II, Constant Ier, Constance, Fausta, Magnence, Julien l'Apostat, Hélène, Valentinien, Valens, Gratien, Théodose le Grand, Arcadius, Eudoxie, Honorius, Marcien, Basilicus.

2689-2691 — *Moules de monnaies*.

2692-2695. — *Monnaies Vandales*: Gontha-
mond, Thrasamond, Hildéric et Gélimer.

2696. — *Monnaies Autonomes de Carthage.*

2697. — *Monnaies incertaines de Carthage.*

2698-2713. — *Monnaies Byzantines*: Justin
Ier. Justinien, Matasunda, Justin II, Sophie, Tibère
Constantin, Maurice, Focas, Héraclius, Eudocie,
Martine, Constant II, Constantin IV Pogonat,
Justinien II Rhitnomète, Théodose III Adramytène
et Constantin V Copronyme.

EXAGIA OU POIDS DE BRONZE

2714. — *Exagium*, tablette carrée épaisse
de 0,008 millimètres, mesurant 0,038 millimètres
de côté et pesant 103 grammes. La face est ornée
d'un filet d'argent. A chaque angle est une petite
palme et au centre on lit les trois lettres SOL,
accompagnées du nombre XXIIII. C'est un poids
de 4 onces ou de 24 sous d'or.

2715. — *Exagium*, d'une demi-once ou de
3 sous d'or, pesant 12 grammes 40 centigrammes.

2716. — *Exagium* d'un sous d'or, pesant 3
grammes 80 centigrammes.

2717. — *Autres Exagia.*

MONNAIES DU MOYEN AGE

2718. — *Monnaies de la croisade*. Monnaie
de Thibaut comte de Champagne, en cuivre, de
0,018 millimètres de diamètre, et pesant 125 centigrammes. La face porte la croix cantonnée d'un
alpha, d'un oméga, et de deux croissants avec
cette légende: ✝ TEBATCOMES. Le revers porte

un peigne, dit peigne champenois, surmonté de trois tours avec cette légende: PRVVINCASTRI. Elle date de la croisade de St Louis et a été trouvée près de Byrsa. Nous en avons recueilli plusieurs autres de la même époque, parmi lesquelles, trois de St Louis.

2719. — *Monnaies Espagnoles*: Charles-Quint et plusieurs de ses successeurs.

2720. — *Monnaies Vénitiennes*: Doges P. Loredano et Louis Mocenigo.

2721. — *Monnaies Coufiques et Arabes.*

2722. — *Monnaies indéterminées.*

2723. — *Plan de Carthage.*

2724. — *Petit Guide* du voyageur à Carthage par le R. P. Roger, missionnaire d'Alger.

2725. — *Lampes chrétiennes* de Carthage, par le R. P, Delattre, missionnaire d'Alger.

2726. — *Explorations* épigraphiques et archéologiques en Tunisie, par R. Cagnat.

2727. — *Dessin de la mosaïque* d'une antique synagogue découverte récemment à Hammam-el-Lif près de Tunis, par le Capitaine de Prudhomme. Exposé par le Capitaine lui-même.

GROUPE III 23ᵐᵉ CLASSE.

Exposé par le Général Moh. Baccouch

2006. — Une mosaïque de 4 mètres environ, trouvée à Sidi Bou Saïd près de la plage.

Exposé par la Commission

2084. — 1 *Photographie encadrée.*. Le temple où est la source de Zaghouan.

2095. — 1 *Photographie encadrée,* Vue des anciens ports de Carthage.

2123. — 1 *Photographie encadrée,* Intérieur d'une citerne à Carthage.

Exposé par Charles Caillat

2446. 1 *Livre* Notice sur l'ancien Aqueduc de Carthage et sa restauration par Ch. Caillat.

GROUPE III 23ᵐᵉ CLASSE A

Exposé par l'Alliance Israélite
Ecoles de Tunis

2248. — *Travaux des Elèves* de 1ʳᵉ Classe 4ᵉ année.

2249. — *Comptabilité,* 1ʳᵉ Classe, 4ᵉ année.

2250. — *Travaux des Elèves* de 2ᵉ Classe 3ᵉ année.

2251. — *Travaux des Elèves* de 3ᵉ Classe, 3ᵉ année.

2252. — *Travaux des Elèves* de 4ᵉ Classe, 2ᵉ année.

2253. — *Travaux des Elèves* de 5ᵉ Classe, 2ᵉ année.

Ecole des Filles

2254. — *Travaux des Elèves* de 1ʳᵉ année.

2255. —   »   *d'aiguilles* 1ʳᵉ année.

Photographies

2256. — *Groupe de professeurs*, classe d'arabe et d'hébreux.

2257. — *Groupe de professeurs*, classe de français.

2258. — *Cours de Musique* 1re classe.

2259. — *Toutes les classes*, récréation.

2260. — *Façade* intérieure Sud de l'école.

2261. —   »   »   côté Nord de l'école

2262. —   »   extérieure de l'école.

2263. — *Groupes d'élèves*, 1re classe, 4e année.

2264. —   »   »   2e   »   3e   »

2265. —   »   »   3e   »   3e   »

2266. —   »   »   4e   »   2e   »

2267. —   »   »   5e   »   2e   »

2268. —   »   »   6e   »   2e   »

2269. —   »   »   7e   »   1re   »

2270. —   »   »   8e   »   1re   »

2271. —   »   »   9e   »   1re   »

2272. —   »   »   10e   »   1re   »

2273. — *Travaux des Elèves*, dessins 1re classe 4e année.

2274. — *Géographie*, 4e année.

GROUPE III 23me CLASSE C.
Exposé par G. Perpetua

2219. — 1 *Geografia Astronomica*.

2220. — 1 *Geografia della Tunisia*.

2221. — 1 *Compendio di geografia* della Reggenza di Tunisi.

2222. — 1 *Géographie* de la Régence de Tunis.

Exposé par Victor Deschiens

2223. — 1 *Etude* sur la Tunisie, rédigée à la suite d'un voyage d'exploration 1880.

Exposé par Marquis Doria

2231. — 14 *Voyages* en Tunisie du Marquis Doria, 2 Volumes et 12 brochures.

Exposé par M. de Bourmancé

chargé d'une mission par le Gouvernement français en Tunisie

Divers dessins de mosquées, ruines romaines et monuments arabes en Tunisie.

www.ingramcontent.com/pod-product-compliance
Lightning Source LLC
Chambersburg PA
CBHW072034090426
42733CB00032B/1470